AF190671

Tid för Liv

och morgondagens löften

Av

Ingemar Gardell

© Ingemar Gardell 2024

Illustration framsida: Adi Perets, Pexels
Illustration baksida: Tomas Anunziata, Pexels
Grafisk formgivning: Anja Hektor Gardell

Förlag: BoD • Books on Demand, Stockholm, Sverige
Tryck: Libri Plureos GmbH, Hamburg, Tyskland

ISBN: 978-91-8057-856-1

Automatiserad teknik vilken används för att analysera text och data i digital form i syfte att generera information, enligt 15a, 15b och 15c §§ upphovsrättslagen (text- och datautvinning), är förbjuden.

Till Lea och Elton
och alla som kommer efter er,
i en framtid ni ännu inte kan ana,
men vars historia ni redan nu skapar.

Innehåll

INLEDNING

Jag föddes på 70-talet och tillhörde de som växte upp med relativt gamla föräldrar. Min far föddes 1923 och hade hunnit bli 50 år innan jag kom till världen. Min morfar Arvid föddes i slutet av 1800-talet och dog året innan jag föddes. Jag mötte aldrig honom, men har hört under hela min uppväxt att jag skulle vara väldigt lik honom på många sätt. Mest för den kunskapshunger jag alltid haft och som Arvid även verkade ha haft. I byn på norra Gotland där han levde ut sina dagar blev han traktens vise man och fick en mängd förtroendeuppdrag, baserat på hans breda allmänna kunskap.

Hans kunskap var ändå formad och sprungen ur hans tid. Han berättade för sin dotter, alltså min mor, när hon var liten om hur natthimlen fungerade. Vi bodde enligt honom under en kupol och däruppe ovanför bodde Gud som var en gammal man och som gick omkring med käpp. Det resulterade ibland i att käppen gjorde små hål i den svarta duken och himlens ljus lyste igenom. Stjärnorna fick sin förklaring.

Helt ärligt vet jag inte om han själv verkligen trodde detta eller om det var en version han berättade för sina barn i brist på någon annan förklaring. Det fanns nämligen inte så många andra förklaringar vid den tiden i ett jordbrukssamhälle på norra Gotland. Vi människor fungerar antagligen över lag lite på det sättet. Vi fortsätter med den informationen vi har om allt, tills en bättre förklaring dyker upp. Den nya informationen får ej heller vara alldeles för annorlunda. Risken finns då att vi känner oss som fåntrattar som trott något totalt annorlunda under alla dessa år och vi kan då i stället välja att behålla det som känns bättre för oss själva och medvetet riskera att fortsättningsvis vara inkorrekt. Ignorans för bibehållen självkänsla.

Jag inser att jag nu ger mig ut på en resa där jag kommer berätta om den informationen som jag bär med mig framåt genom livet. Den kommer att läsas av mina barn och kanske barnbarn och den riskerar att vara precis lika felaktig. De kommer kanske att förundras hur vilsen jag, deras morfar eller farfar, var och hur lite som jag egentligen visste. Det är en naturlig del av det kollektiva lärandet. Jag kommer ha fel i mina påståenden och nya insikter ligger fortfarande och väntar på att upptäckas av forskarna, filosoferna, läkarna, teknikerna och generationer av nyfikna och yngre versioner av dig och mig. Jag är villig att ta den risken.

Jag kommer på ett flertal ställen i boken våga mig på att tänka högt kring framtiden. Det hittar du sällan i böcker som säger sig ha med historia att göra. Många kan berätta på ett mycket analytiskt sätt hur historien spelades ut och vilken effekt det fick på människorna och världen, men få vågar göra samma grepp om morgondagen. Risken att ha fel är så stor men jag vågar ha fel. Jag ser det som en styrka.

Det finns någonstans även ytterligare en tanke kring den här boken som även den är kopplad till min morfar Arvid. Han blev nämligen väldigt svag i minnet mot slutet. På den tiden fanns det inga välutvecklade

9

diagnoser på sådant och allt förklarades med etiketten "senil". Borta var den mentala skärpan och allt han hade lärt sig under hela sitt liv. Idag kanske det hade kallats för Alzheimer, och imorgon kanske diabetes typ 3, då det redan nu från vissa håll påstås att Alzheimers sjukdom inte är något annat än insulinresistens i hjärnan. Skådespelerskan Nina Gunke kom för några år sedan ut med sin bok "Innan jag glömmer" där hon berättar om sin Alzheimer diagnos och jag har tänkt lite på den, speciellt med min morfar i åtanke. Oavsett om det var Alzheimer som tog min morfar och även om det inte troligen är ärftligt och på så sätt kommer ge mig Alzheimer så kommer jag ändå någon gång att gå ur tiden. Innan jag glömmer, eller försvinner, vill jag kunna föra några tankar och insikter vidare. Jag är stolt över dessa insikter och även om de senare kommer visa sig vara felaktiga så har de hjälp mig att finna ro med livet och döden. De har givit mig många insikter där tanken svindlat och en varm hisnande känsla spritt sig på insidan.

Följande är en berättelse av vad jag, via andra människor, vet om universum, människorna, livet och framtiden en bit in på 2000-talet enligt den gregorianska kalendern, eller 4,54 miljarder år enligt den radiometriska dateringar av jordklotets ålder.

"Fokusera på nuet!", säger de men jag finner det så svårt om jag inte vet vad som hände innan och framför allt vad som händer efteråt. Jag måste få veta allt om jag skall kunna sänka blicken och slappna av. Jag vill veta vad morgondagen innebär om jag på riktigt och fullt ut skall kunna njuta av den här kvällen. Så funkar min hjärna och kanske även din.

Vi lever på en liten blå prick i ett stort svart hav av tomhet och mörker. Ditt liv kommer att ta slut en dag. Inte bara solen kommer slockna utan alla andra solar går mot samma öde. En dag, nästan obeskrivligt långt fram i tiden, kommer hela universum att nå maximal entropi där ingenting längre finns och ingen energi existerar. Där tiden inte längre går att mäta och upphör. Vi befinner oss ur ett kosmiskt perspektiv fortfarande i universums födelse och framför oss väntar garanterat en tillvaro där liv inte är möjligt. Att du just nu läser detta som jag skrivit är ingenting mindre än ett mirakel och en stund som aldrig kommer åter. Du har fått några ögonblick i en mikroskopisk bubbla i universum där liv just nu är möjligt. Ett undantag ur alla aspekter.

Fråga inte efter meningen med ditt liv, och vänta inte på någon annans svar. Istället kan du välja meningen med ditt liv. Gör det så färgsprakande du kan. Njut av känslor, skratt, tårar, sommarregn, tända ljus på en sommarvarm brygga samt gnistrande vinterdagar med familjen. Skapa en mening, påminn dig själv om den nästan varje dag, jaga den och glöm inte bort att njuta av stunderna som du passerar. Vi är trots allt bara förbandet på den här konserten. Universum har andra mål än dina. Snart blir det mörkt och kallt och vi människor är inte bjudna till huvudföreställningen. Vi vet att vår tid på Jorden kommer bli kort och det är ett löfte. Egentligen är allting jag vill berätta om i den här boken faktiska och riktiga händelser som har eller kommer att inträffa. Med matematisk precision kan vi människor redan nu berätta om många framtida astronomiska händelser och förlopp, även om vi knappt kan lyckas att berätta om morgondagens väder.

En sista detalj innan vi börjar vår resa. Boken du håller i din hand bjuder på en resa från början till slutet. Av olika anledningar kanske det inte är resan du såg framför dig. Kanske är du inte alls lika intresserad av uppkomsten och de historiska förklaringarna till dig och mig och livet vi lever. Kanske vill du börja resan idag och endast färdas framåt. Du har min tillåtelse som författare att göra det. Det är helt ok. Hoppa fram till kapitlen om "Människan" och börja din resa där. All kunskap måste basera sig på nyfikenhet och om den inte finns kommer vi inte producera något hållbart. Det slutar med att vi bygger sandslott vid strandkanten. Hoppa fram så syns vi där – i nuet och med början hos oss människor. För er andra – vi börjar vår resa någonstans omkring ingenting. I något som inte existerar men som strax skall bli allt.

DEL I: VÅRT NYA UNIVERSUM

Nobelpristagaren 2020, sir Roger Penrose slog nyligen om från den traditionella uppfattningen om universums uppkomst och teorin kring Big Bang, till att i stället hävda att Big Bang inte var födelsen utan snarare slutet på det förra universumet. Att ett universum enligt Penrose går från symmetri till entropi med hjälp av funktioner som svarta hål. Nu är det naturligtvis så att ett nobelpris inte automatiskt gör källan till absolut sanning. Det betyder på sin höjd att ämnet inte är trivialt och enkelt och att Penrose har spenderat åtskilliga timmar och dagar framför abstrakta matematiska formler och teorier. Att svaret är svårfångat och värt mödan.

Helt ärligt vet jag inte heller om det skulle betyda något i praktiken om universum återföds igen. Kanske skänker det någon form av tröst i det skrämmande konceptet att evighet i mörker och tystnad är slutstation för allt.

Frågar vi Fernand Braudel, författaren till "*On History*", (1), skulle han säga att det korrekta sättet att närma sig historia är med "la lounge durée" som verktyg. Longue Durée – långsiktigt – är att koncentrera på de mer permanenta och sakta utvecklande strukturerna och mönstren och förbise de stora men korta och udda händelserna. Braudel skulle gå så långt som att säga att den enda sättet att betrakta historia är genom att försöka betrakta den genom multipla skalor och ur en lång tidsrymd. Vill du veta om vad som påverkat, styrt och till och med finansierat rysk politik och ryska soldater, bör du titta på vodka. Vill du veta om människorna, måste du fråga om universum.

Vi kommer till människorna i mitten av boken. Men för att nå dit med en bra förståelse behöver vi börja mycket tidigare. Vi behöver vända oss till det förflutna och vi behöver röra oss med hjälp av de största möjliga skalorna. När vi når människorna och nuet då du som läser den här boken lever, först då kan vi kosta på oss att stanna upp lite och ändra på förstoringsgraden lite. Utan att någonsin försöka hamna på detaljer. Alltid med blicken på mönster och trender. Sammanhang är viktigare än expertis när vi skall försöka förstå detta. Efter människorna är det dags att återvända till de större skalorna igen och då ska vi besvara frågor som är kopplade till framtiden. Även om du inte tror att du har några frågor om morgondagen, så finns de där. De hänger ihop med alla dina anledningar i livet, din drivkraft och din längtan. I morgondagen bor dina förhoppningar men även dina rädslor. Vi behöver få rumla omkring där i mörkret en stund för att slutligen återvända till nuet med svaret på vilka frågor som egentligen är av värde.

KAPITEL ETT:
KRUSNINGAR I MÖRKRET

Under alla människans epoker på planeten Jorden har vi funderat på hur allting började. Ofta är det religioner som fått uppgiften att komma fram med tidiga förklaringar på alltets början.

De allra tidigaste skrifterna kommer från mayafolket och är från början endast en muntlig berättelse som senare skrivits ner och har genom århundraden smusslats fram och tillbaka för att inte spanjorerna skulle bränna sönder dessa antika texter. I deras "*Popul Vuh*", som kan översättas som "*Rådets bok*" finner vi följande tankar om existensens början:

Vad som än kan vara finns helt enkelt
inte där.

Bara sorl, krusningar i mörkret, i
natten.
Endast Skaparen,
Modelleraren ensam.

Härskaren,
Den plymade ormen,
Bärarna och Modern är i vattnet, ett
glittrande ljus.
De är där och de är inneslutna i
blågröna Quetzalfjädrar.

Hos de allra tidigaste hinduistiska texterna hittar vi Rigveda som är den äldsta existerande texten som någonsin har hittats, skriven i hymner på sanskrit. Även den öppnar med ett ärligt försök att beskriva hur den här världen skapades:

Det fanns varken icke-existens eller existens då. Det fanns varken rymdens rike eller himlen som är bortom. Vad rörde sig? Var? I vems skydd? Fanns det vatten, bottenlöst djupt? Det fanns varken död eller odödlighet då. Det fanns inga utmärkande tecken på natt eller dag. Den där andades, vindstilla, av sin egen impuls.

Av alla förklaringar med religiös bakgrund tycker jag att just dessa två, mayafolket och hinduismen, ändå träffar något i närheten av hur vi nu idag skulle vilja förklara det med hjälp av forskning och vetenskap. Senare religioner kan uppfattas som om de tappat det stora perspektivet och endast förklarar skapelsen av planeten Jorden.

Vi kommer nu bege oss ut på en färd genom skapelsen där vetenskapen får göra ett försök till förklaring av hur universum blev till. Vi kommer passera krusningar i mörkret, bottenlösa djup och långa perioder utan tecken på natt eller dag. Vi byter möjligen ut några quetzalfjädrar mot elektroner istället.

KAPITEL TVÅ:
UNIVERSUMS TRÖSKLAR

Första tröskeln –
Big Bang Och Ett Universum föds

Vi vet inte någonting om det som var innan eller
exakt i den stunden som Big Bang inträffade. Vi vet
däremot mycket mer om strax efteråt. Strax i det här
fallet är faktiskt så kort efter som 10^{-35} sekund efter.
Det är 0,00000000000000000000000000000000001
sekund. En ofantligt liten bråkdel av en sekund och
ändå kan vi redan då räkna ut vad som måste ha ägt
rum för att allt annat skall bli logiskt. Universum var
inte större än en atom till storleken och innehöll allt
som nu finns i vårt universum. Allt i form av både
energi och materia men i en enda sörja och kompakt på
ett sätt bara går att förstå i långa matematiska
ekvationer. I samma ögonblick startar fyra
fundamentala krafter som kommer att agera som
regler för allt. Utan dessa regler går det inte att skapa
någonting. Den första fundamentala kraften är

gravitation vilket nog inte behöver någon närmare presentation eller förklaring. Sedan har vi den starka nukleära kraften som håller ihop atomkärnorna, kvarkarna och neutronerna. Vi har även svaga nukleär kraft som står bakom det radioaktiva sönderfallet och gör att partiklar kan ändra typ från en till en annan. Till sist har vi elektromagnetismen som sköter laddningen av positiva och negativa partiklar. På ett sätt ibland lik gravitationen i sitt uppdrag att binda samman något, exempelvis atomer till molekyler, men är en mycket starkare kraft.

Mellan 10^{-33} och 10^{-32} sekunder

Detta är trots matematik och logiska förklaringar en mycket bisarr händelse. Universum växer från storleken av en atom till storleken på en galax. Ingenting kan färdas snabbare än ljuset men det detta handlar inte om att färdas. Det handlar om att växa och det finns inga fysiska lagar som förbjuder något att växa snabbare än ljuset. Att universum kan expandera snabbare än ljuset börjar bli en brett accepterad teori och är troligen förklaringen på varför den bakgrundsstrålning som skapades när universum

21

bara var 300 000 år gammalt har samma temperatur oavsett vart i universum man mäter den. Det kan bara ske om universum initialt expanderade fortare än ljuset då och så även i början. När det växte från en atoms storlek till en galax på en obeskrivligt liten del av en sekund.

Mellan 10^{-12} och 10^{-6} sekunder

Det första partiklarna dyker upp i vårt universum. De materialiserar från den sörja av energi och oförlöst materia som fortfarande finns. Kanske var det här som universum egentligen föddes? När det handlar om existens blir det till slut att koncepten rämnar framför en. När började du själv att existera? Självklara svaret är "När du föddes", men på den här nivån blir det svårare och mer i stil med *Vilken del av dig började existera?*". Var det huvudet eller navelsträngen? Var det kanske redan under befruktningen eller celldelningen? Kanske så tidigt tillbaka som när ägg och spermie producerades? För att vi skall kunna säga när universum började existera kanske vi måste vänta på tillfället när tillräckligt många byggstenar och förutsättningar finns på plats för att kunna tala om en existens. Detta kanske är den stunden? Här kom kvarkar och fick strax sällskap av både protoner och neutroner. De bildas i både form och antiform som tar ut varandra i våldsamma ljusexplosioner, allt enligt Einsteins $E=mc^2$. Av all materia som skapades under Big Bang försvann den allra största delen i ljusexplosioner och endast 10^{-9} (en miljarddel) klarade sig undan att utplånas. All materia som finns i vårt universum just nu är egentligen bara några rester som misslyckades med att hitta sin antimateriska motsvarighet. Likt en förbrukad nyårsraket som innehåller några korn av krut som aldrig nåddes av elden.

Efter 1 sekund

Elektroner dyker upp som en sista viktig ingrediens och egentligen har vi alla ingredienser och lagar på plats nu men det är fortfarande för varmt för att kunna bygga något. Universum är väldigt stort redan nu men densiteten är större än sten och består av något som kan liknas vid glödhet plasma. Alla byggstenar är en enda soppa och det enda vi väntar på nu är att temperaturen måste sjunka. Det är så skyhöga temperaturer att vi kommer få behöva vänta ganska länge.

Efter 384 000 år

Nu har temperaturen sjunkit tillräckligt för att alla protoner som vid det här laget var positivt laddade kunde dra till sig de negativt laddade elektronerna. Tillsammans bildade de väte och helium. Efter 384 000 år förvandlas plötsligt all materia i hela universum till atomer och allt blir neutralt laddat eftersom det positiva och det negativa tog ut varandra. För första gången blev energi och materia mer åtskilt än vad det någonsin hade varit vilket resulterade i att energi kunde flöda fritt i hela universum utan att bli blockerat av lösa kringdrivande subatomiska partiklar. Detta skedde exakt samtidigt i hela universum eftersom hela universum höll samma temperatur och resultatet av detta blev en enorm urladdning. En blixt, lika stor som universum. Idag kallar vi den för kosmisk bakgrundsstrålning.

Denna kosmiska bakgrundsstrålning är en av flera bevis för teorin om Big Bang. Länge var det en annan teori som var dominant, nämligen "*Steady*

State". Att universum alltid hade haft samma storlek och att inget någonsin hade ändrats. Tänkaren bakom "*Steady State*" var Fred Hoyle (1915 – 2001) och som inte förrän 1964 fick erkänna att Big Bang-teorin hade segrat. Det sade tidigt att om denna Big Bang hade inträffat så borde det ha resulterat i en stor enorm blixt lite drygt 300 000 år efter och den blixten borde kunna bevittnas från alla hörn av universum. Det tog många år att hitta den, men 1964 hittades den av en slump. Det var två forskare vid namn Arno Penzias och Robert Wilson som försökte bygga satellitkommunikation och som av misstag snubblade över den kosmiska bakgrundsstrålningen. Efter att ha konstruerat sin stora ställning för att kunna lyssna på satelliter fick de stora problem med brus. De jobbade länge med att utesluta alla tänkbara orsaker till detta irriterande brus. De var till slut helt övertygade om att bruset kunde kopplas till att några duvor hade bajsat inne i de stora trummorna som skulle fånga in signalerna och i teorin skulle säkert duvornas bajs kunna ha en störande effekt. Så känsligt är faktiskt satellitkommunikation, åtminstone under åren omkring 1964 och i stora träskapelser som snarare kunde liknas vid stora väderkvarnar med öron. Efter mödosamma äventyr med att rensa duvornas lämningar kvarstod ändå bruset. Det var som om det var självaste universum som brummade eftersom vart de än riktade lyssningen så uppstod bruset. De hade funnit den kosmiska bakgrundsstrålningen och fick 1978 Nobelpriset för att ha bevisat att vårt universum startade med Big Bang.

Andra Tröskeln – Den första stjärnan

Vi kommer passera ett antal av universums trösklar innan vi når till oss människor i nuet. Dessa trösklar skall läsas som när komplexiteten ökar så pass mycket att nya egenskaper framträder. När du blandar två väteatomer med en syreatom uppstår en ny egenskap, nämligen vatten. För att vi skall nå till människan behöver universum ta sig över fem trösklar i komplexitet. Så här långt har vi precis klarat oss förbi den första – Big Bang. Ifrån ingenting till ett expanderade universum som innehåller en mängd byggmaterial. Alla förutsättningarna är på väg, men vi behöver vänta i tvåhundra miljoner år innan vi når nästa tröskel.

Efter 2 miljoner år

Ifrån att den stora blixten inträffade och fram till nu har det passerat två hundra miljoner år. Det finns ingen som riktigt vågar uttala sig med säkerhet om hur universum egentligen levde sina dagar här men vi kan förutsätta att den mesta var mörkt med undantag av ett mycket svagt glödande ljus som verkades finnas i alla riktningar av hela universum. Det var ljus från energi som färdas kors och tvärs. universum var även en väldigt strukturerad plats. Materian som hade bildats var jämnt fördelad och utspridd överallt. Troligen med en sådan jämn fördelning att det skulle dröja två miljoner år innan det slutligen kunde klumpa ihop sig tillräckligt med material för att bilda en stjärna. Det var gravitationen som till slut tände lampan.

Det existerade endast väteatomer och heliumatomer. Det hade varit omöjligt att skapa något annat i hela universum vid det här laget. Det enda som kan hända är att för många atomer klumpar ihop sig med hjälp av gravitationen att de till slut överstiger den kritiska massan och en fusion börjar inne i kärnan.

Två lättare atomer slås ihop och bildar en tyngre men den totala massan blev lättare. Skillnaden i massa omvandlas till energi enligt Einsteins $E=mc^2$ och strålning frigörs. Två väteatomer bildar en heliumatom. Den här processen är och förblir den mest optimala energiframställningen som finns och troligen någonsin kommer finnas. Kunde vi utnyttja den här tekniken på Jorden skulle vi inte ha några energiproblem längre. Det skulle krävas 10 gram deuterium, framställt ur 500 liter vatten, tillsammans med 15 gram tritium framställt ur 30 gram litium för att försörja en människa i Sverige med all elektricitet den behöver under hela sin livstid. Vi är kanske inte långt bort från fusion och skulle vi lyckas är det revolutionerande på så många sätt. Det ger dessutom inga farliga avfall som dess motsvarighet i kärnklyvningen gör.

Universums första stjärna har tänts. En första generationens stjärna och för allt annat som skall komma skall kunna födas så behöver den få brinna och dö för att något annat är helium och väte skall kunna skapas. Eftersom du sitter här och läser den här boken, och varken boken eller du själv är gjord av antingen väte eller helium kan vi vara säkra på att dessa första stjärnor inte lever längre.

En stjärna eldar med väte i flera miljarder år. I slutet består de mestadels av helium och kommer då i stället börja slå ihop heliumatomer och bilda kolatomer. Här slutar de många mindre stjärnors liv, vår egen sol inkluderat. Den kommer bränna kol som sista anhalt innan den sedan släpper ifrån sig hälften av allt material och låter kärnan bli en vit dvärg. Materialet som släpps sprids i universums alla riktningar och kommer påverka andra formationer längs med vägen. I universums unga dagar var dessa händelser, när stjärnor dog, ofta en orsak till en kedjereaktion och någonstans blev densiteten lite för stor. En ny stjärna föddes med hjälp av materialet som kom från döda stjärnor.

De tyngre stjärnorna stannar inte vid kol. De kan fortsätta att slå ihop atomer högre upp i atomskalan. Kol blir till neon och sedan till syre och silikon. För varje ämne som skapas sväller och krymper stjärnan allt våldsammare och intensivare men varje ämne varar också kortare än det förra. Efter fusionen av silikon och svavel når den järn och då tar

29

det stopp. Ingen stjärna orkar någonsin att dra igång en fusionsprocess av järnatomer. Den imploderar istället i något vi kallas för supernova.

En supernova är något av universums våldsammaste processer. Själva explosionen kan skapa grundämnen långt över järn och alla nyskapade ämnen slungas sedan ut i universum med stor kraft i en färgsprakande föreställning. Kvar finns ofta stora vackra mönster och i mitten en neutronkärna som trots en diameter på några ynka kilometer ändå innehåller upp till 2 eller 3 solars massa. Dock aldrig med mer än fyra solmassor. En neutronstjärna som innehåller 4 eller fler solmassor blir i stället början på ett svart hål.

Tredje tröskeln – nya kemiska ämnen

Varje supernova är en förutsättning för att komplexiteten i universum skall kunna öka. Den skickar ut så mycket nytt material i rymden att utan denna process skulle vi aldrig ha funnit till. Vi känner till cirka 2000 neutronstjärnor bara i vår egen galax Vintergatan och då har vi antagligen inte ens skrapat på ytan eftersom vi talar om att lyckas upptäcka ett mörkt objekt som bara är någon kilometer i storlek.

Oftast kan vi inte ens direkt betrakta dem utan tvingas räkna ut deras existens indirekt genom att upptäcka hur ljuset kurvar sig runt något osynligt och litet objekt på ett sätt som ljuset annars bara gör kring stora och synliga stjärnor.

Vi kan med säkerhet säga att du och jag, vi har supernovor att tacka för vår existens. Vi innehåller grundämnen långt över väte och helium i våra kroppar och enda möjligheten för detta är att en stjärna har dött för att innehållet sedan skall ha hamnat här på Jorden. Jag är dessutom högst troligen från en annan supernova än du. Till och med på den nivån att atomerna i din vänstra hand kommer från ytterligare en annan supernova än din högra hand. Eller som Lawrence Krauss så elegant har uttryckt sig:

Det fantastiska är att varje atom i din kropp kommer från en stjärna som exploderat. Atomerna i din vänstra hand kommer förmodligen från en annan stjärna än din högra hand. Det är verkligen det mest poetiska jag vet om fysik.

Vi är alla stjärnstoft.

Du skulle inte kunna vara här om stjärnorna inte hade exploderat, eftersom grundämnena - kol, kväve, syre, järn, alla saker som är viktiga för evolutionen - skapades inte i tidernas begynnelse. De skapades i stjärnornas ugnar, och det enda sättet de kunde komma in i din kropp var om dessa stjärnor var vänliga nog att explodera och dö. Så glöm Jesus. Stjärnorna dog så att du kunde vara här idag.

Lawrence Krauss, (2)
(*A Universe from Nothing: Why There Is Something Rather than Nothing*)

Jag brukar vrida av mig min vigselring, lägga den på bordet framför mig och sedan fråga mitt sällskap vart den kommer ifrån. De som snabbast finner ett svar brukar förklara att den på något sätt grävts upp ur berget eller fiskats fram ur floden. "Men hur kom den dit då?", är min nästa fråga. Här brukar faktiskt svaren ta slut och det är precis där det finns en möjlighet att bjuda på en wow-känsla. Guld kommer från stjärnor som exploderat men det är nämligen så att guld högst troligen inte kan skapas av en endaste supernova. Kanske de allra största och kraftigaste, men troligen inte enligt forskarna. Det krävs något mer än bara en vanlig supernova (hur någon egentligen kan slänga sig med orden vanlig och supernova i samma mening).

När en supernova exploderar bildas en supertung kärna kvar i mitten som kallas neutronstjärna. De menar att det krävs troligen att två neutronstjärnor krockar med varandra för att kunna skapa grundämnen av typen guld och över. Vi pratar alltså om att två enorma stjärnor behöver dö i var sin supernova-explosion och sedan skall deras kärnor hitta varandra på en plats som egentligen bara består av

33

oändligt med tomrum. Där krockar de med varandra i en sällan skådad explosion och kaskad av nya och tunga grundämnen i temperaturer som knappt aldrig sker i universum. Delar av just en sådan explosion har sedan landat på Jorden och det som jag nu har omkring mitt finger som ett bevis på kärleken till min fru, det är blott ett lån från universum. Jag får låna det under min livstid men resan för guldet kommer inte sluta här.

Vår egen sol räknas till tredje generationen stjärnor. Vi kan basera det på mängden grundämnen som är tyngre än väte i solens spektrum och som tyder på material från redan döda stjärnor. Vi hade inte kunnat skapats tidigare än så. En sol i ett system där det endast finns väte och helium kan inte skapa planeter i omloppsbanor. Det krävs ämnen som kondenseras och "klibbar" för att kunna skapa planetärt stoft och byggmaterial. Vatten är antagligen en viktig del i en sådan process. I vårt solsystem är Jupiter en gasjätte som skulle ha kunnat bli en sol om den hade lyckats samla på sig lite mer material. Den nådde aldrig upp i någon kritisk massa. I stället blev den vår räddare från mycket elakt som kommer farande från yttre rymden. Med sin stora gravitation tar den många smällar för laget. Smällar som annars skulle ha kunnat inträffat på Jorden.

Fjärde tröskeln – Jorden och solsystemet

Människan har under många år levt under föreställningen av att mycket i historien är permanent. Jorden och himlen och ja, till och med att vissa djur skulle vara permanenta och utom förändringens roll och makt. Nu vet vi att så är inte fallet. Det historien i kombination med forskningen nu visar oss är att ingenting är permanent. För 5 miljarder år sedan fanns inte planeten Jorden, men det skulle snart komma att ändras. Nya grundämnen hade under tre generationer av stjärnor och supernovaexplosioner skapats överallt och hade bidragit till en kraftigt utökad palett av byggmaterial. Först nu fanns det förutsättningar för planeter att kunna bildas i närheten av en sol vilket är en förutsättning för det vi räknar som liv. Komplexiteten hade ännu en gång en möjlighet att öka. Planeter är nämligen mycket mer komplexa än solar. De är tillverkade av mångfalt fler grundämnen. För att en planet skall kunna ta sig vidare över trösklarna behöver de även innehålla ett antal kritiska ämnen som skapar förutsättningar för exempelvis nästa tröskel – liv. Solar är alldeles för våldsamma platser för att liv skall kunna existera där och planeter är den optimala platsen. Liv kan nyttja energin som solen förser sin omgivning med, men behålla ett tryggt avstånd från det våldsamma som förknippas med solen.

För att kunna studera Jorden och vårt solsystem behöver vi sänka blicken lite i vår resa från början till nuet. Det finns fler stjärnor i universum är det finns sandkorn på hela jordklotet. Det vi nu gör när vi skall prata om enbart vårt eget solsystem är att vi plockar upp ett enda sandkorn, vår egen sol, och tillbringar en stor del av tiden här. På det sandkornet och på det som finns alldeles intill sandkornet – vår planet vid namn Jorden. Det är lätt att nu tänka sig att vårt solsystem inte är speciellt stort men för att ändå få lite perspektiv. Om vi skulle låta ett vanligt flygplan flyga omkring lite så har vi lite dimensioner här. Det skulle ta ungefär 6 timmar att flyga över en kontinent på jordklotet. Det skulle ta 18 dagar för samma flygplan att nå månen. 20 år för att nå solen.

Hela 82 år för att komma fram till Jupiter och 750 år för att nå Pluto. Skulle vi sikta på att komma till den närmaste stjärnan skulle det ta 5 miljoner år. Vårt solsystem är stort och vi omges av ett enormt tomrum.

När Jorden först skapades för 4,54 miljarder år sedan var universum två tredjedelar av sin nuvarande ålder och storlek. Planeter skapas oftast som biprodukter under skapandet av en sol. Det var material som av någon anledning inte samlades in och blev i stället kvar i en omloppsbana omkring den nya solen. Materialet har kommit dit direkt från en supernova-explosion. Platsen vi just nu pratar om är vårt solsystem vilket är en relativt ödslig plats i utkanten av Vintergatan. Det finns andra platser där en stjärnas födelse är betydligt mer trolig och mer frekvent.

En av mina astronomiska favoriter har alltid varit Hästhuvudnebulosan, 1500 ljusår bort och belägen nära stjärnan längst nere till vänster i Orions bälte. Nebulosan röda sken kommer från vätgas, joniserat av ljuset från den när belägna stjärnan Sigma Orionis. Ur den röda bakgrunden reser sig ett stort svart mörker i form av ett hästhuvud. Det mörka består av rymdstoft. Sådant som skapar både stjärnor och planeter. Runt omkring hästhuvudet – många ljusa punkter. Solnebulosor - stjärnor som föds i massor och överallt. universums barnkammare. Ta gärna fram en söktjänst på internet och sök på "hästhuvudnebulosan" eller "Horsehead Nebula". Det finns många fantastiska bilder på denna plats i universum. Den är ett bevis på att nya världar ständigt skapas och väntar på att starta. Det finns fler liknande platser. "Skapelsens pelare" eller "Pillars of Creation" är ännu en barnkammare för stjärnor. De ligger vid Örnnebulosan och innehåller tre enorma stora "pelare" av rymdstoff som väntar på att bli solar och planeter. Enorma är nästan en underdrift eftersom bara pelarna i sig själva är 5 ljusår breda. Leta gärna upp en bild på dem också och beundra hur förutsättningar för otaliga solsystem ser ut innan de skapats.

Att vårt solsystem skapades är inte lika spektakulärt och fyllt av stora möjligheter. Vi bor som sagt på en ganska ödslig plats i vintergatan och det var nog lite mer av en slump att det fanns tillräckligt med material att skapa vår sol och tillhörande solsystem med planeterna i omloppsbanor omkring solen. Det material som blir kvar att skapa planeter med, efter att solen skapats är uppskattningsvis 0,1% av materialet i solsystemet. Solens gravitation roffar åt sig 99,9% av allt annat innan den tänds och solsystemet startar och solen börjar snurra sig själv och allt omkring den.

Varför börjar den snurra? För att material dras in mot mitten, men inte exakt helt matematiskt jämnt fördelat. Om det inte började snurra hade det faktiskt varit det oförklarliga. Material kommer dras in mot mitten av solen och det ojämna flödet gör att solmassan börjar snurra, ungefär som ett avlopp som töms. Detta är förväntat och det helt naturliga. Allting omkring solen börjar snurra och bilda egna omloppsbanor och efter miljoner och åter miljoner år klumpar materian som blev kvar i omloppsbana ihop sig till – du har nog gissat det vid det laget – planeter.

Under miljoner år har materia med hjälp av gravitation samlats ihop till planeter och när det inte längre finns materia i närheten att samla in har vi till slut en planet, av olika storlekar i en egen bana runt solen. En av dessa kallar vi Jorden och den blev den som råkade hamna på ett lagom avstånd från solen.

Det avståndet vi kallar "den gyllene zonen". Ett lagom avstånd för det liv vi känner till att kunna frodas. Inte för varmt och inte för kallt. Men – det är ännu långt kvar tills liv kan uppstå.

Just nu är det en väldigt våldsam period för planeten Jorden. Den är i stort sett ännu flytande magma från sin kärna och hela vägen ut till ytan. Den har långt tid på sig att stelna på ytan och när den är klar med det – då är vi redo för ytterligare en tröskel och ytterligare ett steg mot komplexitet. Livet. Tiden innan livet kallades för "Hadeiska tiden" och varade i 537 miljoner år. Den börjar med sammansmältningen av allt material som hade samlats in och varar ända fram tills vi hade en något som åtminstone liknar en planet med en fast yta. Namnet är uppkallat efter dödsguden Hades eftersom Jorden kunde liknas vid den bild vi har av helvetet och skärselden. En 537 miljoner år lång katastrof.

En viktig insikt här är kanske hur allting vi lär oss som människor är väldigt uppdelade i fakulteter. Vi studerar astronomi, geologi, fysik, kemi eller biologi, men aldrig egentligen hur sömlöst de egentligen hänger ihop. När vi följer den här historien om hur livet blev till blir det så glasklart att vi kanske egentligen inte borde göra sådana skillnader mellan alla inriktningar. De är en och samma och det enda som egentligen skiljer dem åt är tid och detaljnivå. Vi började i fysikens värld och gled snabbt in i kemin. Sedan följde en period av astronomi som nu helt utan att vi märker det kommer att bli geologi utan att vi märker det. Vi går från att prata om hur planeter formas till att om vi vill kunna dyka ner i vilka material som bildar urberg och hur tektoniska plattor fungerar. Om ett tag kommer det geologiska återigen utan några tydliga skillnader att glida in i biologin för att sedan med människans entré bli antropologi, sociologi, och psykologi. Mot slutet kommer teknologi att träda fram innan vi påbörjar resan tillbaka mot kemi och fysik igen. För mig är detta inget annat än ett bevis på att historia inte är något annat är läran om allt och förmågan att kunna se hur allt hänger ihop.

41

KAPITEL TRE:
ENTROPI OCH KOMPLEXITET

Femte Tröskeln – Liv på Planeten Jorden

Det är nog dags att förklara detta med trösklar lite mer ingående. Det har med komplexitet att göra och är ett fundament i ett projekt som kallas för "Big History". Namnet myntades av en historielärare vid namn David Christian som från att ha varit specialiserad på Rysslands och Sovjets historia började inse storheten med att kombinera olika vetenskapliga discipliner. En geolog kunde tillföra många förklaringar för biologerna och en religionsvetare kunde förklara bakgrunden till många av historiens händelser i den mänskliga tidslinjen. Hans tidigare arbete med att kombinera alla discipliner resulterade i den nu vedertagna utbildningslinjen som drivs av The International Big History Association (IBHA), vilket även har studerats av mig själv.

I Big History delas all historia upp i trösklar (Thresholds) och alla dessa har egentligen med komplexitet att göra. Allting som existerar kräver en viss komplexitet i förutsättningarna för att överhuvudtaget kunna skapas och existera. Innan Big Bang var det komplexitet 0. Enkelt och helt utan möjligheter till någonting. Några ynka ögonblick efter Big Bang fick hela universum en komplexitet av vilket är kravet för att en stjärna skall kunna bildas eftersom en stjärna har 2 i komplexitet. Det kan tyckas vara en svår och komplicerad sak som lyser upp vår himmel och gör dig solbränd på stranden, men i själv verket är det universums absolut simplaste process. Två atomer pressas ihop till en ny sorts atom. En tydlig tvåa i komplexitet. När planeter bildas har komplexiteten ökat till 75, vilket kräver betydligt mer än solar.

Planeter är komplexa ting i jämförelse och kräver mer än bara Helium och Väte. För att liv ens skall kunna uppstå krävs en komplexitet på hela 900 enligt den skala som Harvard University framställt och då är det både atmosfär och biosfär som lyfter upp siffran så högt. Om djuren dyker upp har komplexiteten ökat till 20 000 och människan kommer in i bilden omkring 150 000 i komplexitet. Den mänskliga hjärnan är faktiskt universums mest komplicerade skapelse med sina cirka 70 miljarder neuroner.

Men – egentligen borde ingenting kunna öka i komplexitet. Vi har något som kallas entropi och som ingår i termodynamikens lagar. Dessa lagar säger väldigt specifikt att i ett slutet system kan entropin aldrig minska. Alltså – komplexiteten kan aldrig öka. I ett glas med hälften mjölk och hälften kaffe kommer entropin hela tiden att öka tills det finns mjölk och kaffe blandat i hela glaset och då uppnått maximal entropi. Förutsatt att de har samma densitet såklart, annars kommer gravitationen att påverka resultatet.

Det är lätt att tro att entropin spelar tärning eftersom det nästan slaviskt följer oddsen och verkar styras av sannolikheten. Att mjölken och kaffet vid något tillfälle av sig själv och av slumpen skulle råka ha alla koffeinmolekyler högst upp i glaset är inte helt omöjligt, men otroligt osannolikt. Entropin styr molekylerna till att blandas upp på ett sätt som tillåter flest kombinationer och de lägsta oddsen.

När vårt universum skapades var entropin minimal och entropin kommer alltid att fortsätta öka tills det når ett tillstånd där inga differenser längre finns. När allt är lika eller när allt är upphör når entropin sitt maximala tillstånd och gör att tiden upphör eftersom tid endast kan mätas med hjälp av rörelse av någon form. Utan differenser är all energi uttömd och rörelse blir omöjlig, så även tiden.

Denna lag om entropi säger att entropin kan öka, men inte komplexiteten. Men – det finns undantag. I lokala små "bubblor" kan entropin faktiskt minska och komplexiteten öka. Dessa bubblor kan uppstå över hela vårt universum och vårt eget jordklot är en sådan zon, till synes tillfälligt fredad från entropins lagar. Vi har under miljarder år beviljats ökning av komplexiteten vid ett flertal tillfällen. Oddsen för att det som skedde på Jorden skall ske är minimala, men inte omöjliga och därför blev det så.

Om vi skall vara riktigt korrekta för några sekunder så finns det en förklaring till varför entropin har tillåtits minska på Jorden när entropin generellt bara kan öka. Här på Jorden har entropin minskat men till priset av en ännu större entropiökning på solen (komplexitet har överförts till Jorden och här skapat entropiminskande mönster som tillsammans utgör biosfären). Alltså en nettoökning av entropi i totalen. Vi kan nöja oss med att sammanfatta att vi lever under ett mycket speciellt kontrakt som universum tillåtit. Det finns samma möjligheter på fler solar och fler planeter i universum enligt matematiken, men oddsen tillhör inte det vanliga. Vi är unika redan när vi bara summerar förutsättningarna.

Om du spelar på lotto är chansen att vinna med sju rätt ungefär 1 på 6,7 miljoner, och ändå köper vi lotter. Att du skall omkomma i en flygkrasch är ungefär 1 på 3,7 miljoner, ändå tar vi flyget när vi skall på semester. Oddsen för att du skall förolyckas i en bilkrasch är 1 på 4000 och ändå tar vi bilen när vi behöver det. 1 chans på 400 000 000 000 000 (fyra hundra miljarder) är oddsen för att du skall finns till och då räknar vi allt från bildandet av solar och planeter hela vägen fram till en unik spermie som träffar ett ägg. Ändå har vi någon gång funderat på om livet verkligen är värt att leva. Ändå tycker vi ibland att livet är orättvist.

KAPITEL FYRA:
LIVETS TEORIER

Det finns så många teorier och förklaringar på hur livet började. Du som läser den här boken har nog ändå en bra bild av hur det gick till. Även om du inte kan detaljerna så har du antagligen hört talas om evolution och Charles Darwin. Alla dessa berättar en hyfsat bevisad linje från encelliga organismer, genom en biologisk utveckling och evolution av nya arter och i slutet av resan står vi här – den hårlösa apan som tagit över som regerande art på Jorden. Av alla avsnitt i boken tyckte jag ändå att detta var det absolut jobbigaste att skriva. Av den enkla anledningen till att det är svårt att göra det här kapitlet rättvisa och samtidigt behålla intresset för den som kanske inte är så intresserad av kräldjurens familjetavlor. Jag skall försöka hitta några intressanta vägar igenom den här gröna och biologiska textdjungeln och jag kommer att använda döden som redskap. Mest för att kunna erbjuda ett nytt perspektiv som du kanske inte sett förut. Jag kommer återkomma till hur döden formar livet lite senare när vi pratar om människans psykologi, men faktum är att döden som drivkraft fanns långt innan människan kom. Allt liv har skulpterats av nöden och döden.

Det är så enkelt att betrakta liv som någonting skört och sårbart, men det är egentligen totalt tvärtom. En organism, varelse eller individ kan vara skör och ömtålig men förekomst av liv och existensen är svårt att stoppa. Det finns liv överallt och det går nästan inte att vare sig stoppa eller förhindra någonstans på jordklotet. Det behöver inte röra sig om liv vars existens du uppskattar när du öppnar brödbunken och känner mögeldoften, eller när ett operationsteam försöker förbereda en operationssal genom att göra det fritt från bakterier. Det onormala skulle i stället vara om du lyckades hitta en yta någonstans på Jorden där liv inte förekommer. Det skulle kräva en förklaring som troligtvis inte skulle vara hälsosam eller positiv för någon.

Vi människor har förstått hur liv förändras genom evolution och hur liv kan föröka sig under bra och omöjliga förhållanden, men vi har ännu inte riktigt löst den största frågan. Hur uppstod liv från början? Vi tycks vilja sätta ihop elektricitet med livets början vilket inte minst framkom i Mary Shelleys roman

Frankenstein från 1818 (3). Sedan 60-talet har vi laborerat med aminosyror, ammoniak och proteiner tillsammans med elektriska stötar i förhoppningen cm att skulle kunna hitta rätt recept Nu mer än 60 år senare har vi inte kommit längre kring detta. Jorden bildades för 4,5 miljarder år sedan, och liv uppstod för 3,4 miljarder år sedan. Det finns en lucka här på 1,1 miljard år och vi har idag ingen tydlig förklaring på vad som skedde här. Rivaliserande teorier existerar som hävdar att liv inte alls uppstod på Jorden, utan snarare är ett resultat av Panspermia. Ordet kommer från grekiskans pan ("Allt") och sperm ("frö"). Det är en hypotes om att liv sprids över universum via rymdstoft, meteoroider, asteroider, samt kometer och att allt liv på Jorden från början kom från rymden på detta sätt. USA's förre president Bill Clinton gjorde 1996 under en presskonferens ett framträdande med en sten i handen där han berättade att bevisen äntligen hade hittats på Mars (4). Vi kom från Mars och här var beviset. Det fanns spår av bakterier på stenen och kunde bevisa att livet hade spridit sig från Mars till Jorden. Idag är de bevis som den stenen skulle givit oss avfärdade som orimliga och vi fortsätter leta bevis. 2011 släppte en grupp arktiska forskare en ny rapport där de uppgav sig ha hittat nya bevis för panspermia i den kanadensiska tundran (5).

En annan teori har med hjälp av Moores Lag och DNA kommit fram till att livet är äldre än jordklotet. Moores lag används ursprungligen för att beräkna antal transistorer som får plats på ett chip. Historiskt så har antalet fördubblats och växt exponentiellt. Nuförtiden används samma modellering för att beräkna exempelvis processorkraft eller antal beräkningar.

Förutsatt att även DNA och dess komplexitet fördubblas över tid, och så här långt verkar det faktiskt gå att använda Moores lag även på DNA, ja då hamnar vi på intressanta kalkyleringar. Två forskare vid namn Richard Gordon och Alexei Sharov har föreslagit att DNA följer en exponentiell kurva där komplexiteten dubblas varje 376 miljoner år (6). Utifrån den teorin, om man bara stegar sig tillbaka i komplexiteten så hamnar man på ursprunget till vår mänskliga DNS för omkring 9,7 miljarder år sedan. Med tanke på att Jorden formades för ungefär 4,5 miljarder år sedan skulle man kunna säga att matematiken nu säger att livet började någon annanstans och kom till Jorden mycket senare.

Jordens historia på ett år

Området är svårt och komplext. Vi letar efter de minsta beståndsdelarna i den tidigaste perioden. Vi som inte ens kan hitta spår av stora nedslagsplatser från asteroider för mer än 250 miljoner år sedan för att spåren försvinner efter just 250 miljoner år. Materian återvinns och försvinner ner i Jordens mantel för att ge plats åt ny materia. En ständig återvinning. Att hitta spår av bakterier från 3,4 miljarder år sedan är inte lätt uppgift. Vi släpper den frågan och koncentrerar oss i stället på att liv uppstod och vägen fram till idag.

För att göra det enkelt att förstå – låt säga att vi trycker ihop hela Jordens livstid till ett enda år. När uppstod liv? Om Jorden bildades den 1:a januari så kom de första encelliga organismerna den 25:e februari. De första flercelliga organismerna dök upp i mitten av augusti. Som du förstår var Jorden en ganska händelselös och trist plats under våren och sommaren. Det var inte mycket som egentligen hände. Livets möjlighet att kunna reproducera sig med hjälp

51

av sex hände i september och svampar dröjde ända till i mitten på november innan de dök upp. De första växterna på land dröjde ända till omkring den 20:e november. Här börjar saker och ting hända i rask takt. Två dagar innan, den 18:e november, kom de första insekterna och två dagar efter, den 22:a november, kom de första fiskarna.

Reptilerna väntade till den 6:e december och däggdjuren kom den 13:e december på självaste luciadagen. Våra första förfäder, som åtminstone gick upprätt på två ben, kom på förmiddagen den 31:a december. Den ras vi tillhör – den moderna människan Homo sapiens, dök upp på den afrikanska savannen klockan 23:36 samma kväll och kort därefter 23:59 uppfanns jordbruket. Den industriella revolutionen började två sekunder innan midnatt klockan 23:59:58. Klockan har precis slagit 00:00:00 och nu läser du detta. Det ger dig ett perspektiv som kan vara nyttigt när vi nu dyker tillbaka och utforskar hur livet har formats till att bland annat bli du.

KAPITEL FEM:
VULKANER OCH BAKTERIER

Vi föreställer oss nu att vi är någonstans i februari och att Jorden har blivit hemvist för liv. Till en början små organismer som knappt kan uppfattas av några större varelser. Fotosyntesen startade under denna tidiga ålder och började producera syre vilket inte tidigare fanns i atmosfären. Den syre som skapades sögs snabbt upp av ämnen i marken, kanske främst järn som älskar syre. Om du böjer dig ner och tittar i hjulhusen på din bil kommer du upptäcka hur mycket järn gillar syre. Den kärleken har en brun färg. Syre är egentligen ingen trevlig gas. Den är faktiskt rent av giftig och både nedbrytande och förstörande för mycket i vår värld. Effekterna ser du på det mesta som utsatts för syre. Det blir härsket, det får en mörkare färg, det tappar struktur och listan kan göras lång. En process hade dock startat som skulle innebära slutet för stora delar av livet på Jorden. Livet på Jorden bestod av Cyanobakterier och Anaerober. Den sista kategorin – Anaerober – utgjorde cirka 99% av alla livsformer men så hade vi dessa Cyanobakterier som älskade solljus och koldioxid och som resultat pruttar ut syre. Fotosyntes i form av en bakterie. Anaeroberna däremot hatade syre. Faktum är att de inte ens tål syre. Det var en giftig gas för dem. Cyanobakterierna förökade sig i en enorm takt och täckte till slut hela hav. Syrenivån på hela planeten ökade och eftersom det var att likställa med elak stridsgas för Anaeroberna dog följaktligen 99% av allt liv här. Biosfären och klimatet förändrades. Cyanobakterierna då? De lever och frodas än i dag, även om de också fick smaka på lite för mycket av sin egen medicin. Även de kvävdes till slut av sina egna avgaser och många dog ut tillsammans med Anaeroberna. Idag kallar vi dem för "blågröna alger" och "algblomning" vilket egentligen inte alls stämmer. De är absolut inte alger, de är bakterier och de är faktiskt inte blågröna heller för den delen. Flera av dem är giftiga för oss människor men vi står i tacksamhetsskuld till dem. Utan dem skulle vi inte finns här idag. Tanken är ändå kittlande. Vilka varelser hade utvecklats och befolkat Jorden om Anaeroberna hade fått leva kvar? Det var ju trots allt urinnevånarna och utan behovet av syre kanske mer anpassat för ett liv som rymdresenär?

Efter att Cyanobakterierna har pruttat ihjäl sina motståndare Anaeroberna och till och med största delen av dem själva blev det riktigt stökigt på Jorden. Livet var nästan försvunnet och nu väntade ett svårt klimat. Syret som nu producerats i överflöd reagerade med luftens metan och bröts ner till koldioxid och vatten. När en stor del av atmosfärens metan som är en växthusgas omvandlas till koldioxid blir det kallare. Betydligt mycket kallare. Nu börjar Huronistiden, även kallat "Snöbollsjorden". Den pågår i ungefär 300 miljoner år och under de första hundra miljoner åren var Jorden näst intill djupfryst.

Här kunde livet ha tagit slut. Om det inte vore för det faktum att vi någonstans där inne i kärnan har en kärna av flytande material som ibland behöver släppa på trycket. Vulkaner har ställt till det för oss genom tiderna, men utan dem hade jordklotet fortfarande varit djupfryst. Det omslutande vita täcke hade på ett effektivt sätt reflekterat bort alla värmande solstrålar. Nu var det vulkaner som bröt förtrollningen och gav livet en ny chans. De cyanobakterier som hade överlevt kunde återuppta sitt arbete med att tillverka syre och ännu en gång återvände livet. Istäcket drog sig tillbaka där solen fick fäste och inte reflekterades, mycket tack vare en eller några större vulkaners utbrott. Cyanbakterierna blev ännu en gång besatta av att föröka sig och tillverka syre och återigen kunde det bildas en varm och syrerik atmosfär.

Efter 540 miljoner år exploderade det flercelliga livet och det kallas därför för den "kambriska explosionen", just för att det bokstavligen exploderar av liv här. Bläckfiskarna och snäckorna kom vid den här tidpunkten men det skulle bli Trilobiten som skulle bli superstjärnan. Kräftdjur som kunde bli upp till 70cm stora.

En olycka kommer sällan ensam

Vi kommer från nu och framåt landa i några av historiens stora filter. De fem stora massutdöenden som vid en första anblick tycks ha gjort seriösa försök till att utrota livet på Jorden, men i sina misslyckanden ändå styrt och format livet. Den första en de fem som kallas Kambrium-ordovicium-utdöendet inträffar för ungefär 480 miljoner år sedan och består av en serie av svåra utmaningar som raderar 85% av allt liv i havet. Eftersom det bara var havet som hade liv vid den här tidpunkten är det kanske mer korrekt att säga 85% av allt liv på Jorden. Här levde en mängd olika arter vid den tidpunkten men dominerades fullständigt av trilobiterna. Det fanns någonstans omkring 4500 släkten och upp emot 50 000 arter. Om en utomjording skulle ha besökt planeten Jorden vid det här laget skulle det inte finnas någon som helst tveksamhet att planeten tillhörde trilobiterna. Ändå återstår inte en enda av dessa djur idag. Inte ens en avlägsen släkting. Allting som skulle ha utvecklats från trilobiterna om de hade fått leva kan vi bara fantisera om men troligen skulle livet ha sett helt annorlunda ut nu med tanke på deras totala dominans och möjligheter till evolution och utveckling.

Vi kan inte säga med exakta detaljer vad som egentligen hände, men forskarna anser sig ha en rimlig förklaring som baserar sig på fynd i bottensediment av massiv vulkanisk aktivitet. Troligen började många vulkaner samtidigt ha utbrott och fyllde atmosfären med koldioxid. I normala fall är det silikatbergarter som tar hans om det mesta av koldioxiden i form av att berg eroderar och sköljs ut i havet via floder. Under

den här tiden var den processen dock extremt
saktfärdig eftersom det inte fanns så mycket berg.
Havsnivån var för hög för att kunna ta hand om all
koldioxid som vulkanerna spydde ur sig. Normalt sätt
är biosfären och livet duktigt på att kunna hantera
även höga nivåer av koldioxid, men inte dessa mängder
under en sådan lång tid. Den här ökningen av
koldioxid pågick i miljoner år. En olycka kommer aldrig
ensam säger de och dödsstöten för det marina livet kom
när det samtidigt som vulkaner även skedde en stor
kontinentalsockelförflyttning som orsakade en stor
nerkylning. Den första perioden av utdöende slogs
nästan ihop med nästa som kallas
ordoviciumutdöendet.

En stor landmassa drev mot sydpolen, sänkte
den globala vattennivån med global nedisning. Enligt
en studie av franska och belgiska forskare som
publicerades i Nature (7), kan massdöden även ha
berott på plötslig syrebrist i haven som i sin tur
frigjorde en stor mängd giftiga metaller från bottnarna.
Det går att hitta ordentligt många organismer med
defekter och missbildningar från den här tiden som är
typiska för tungmetallförgiftningar. Metallerna håller

sig bundna på botten så länge det finns syre i havsvattnet men när syret försvinner blandas metallerna upp i vattnet. Detta är faktiskt precis vad som just nu händer i Östersjön och skvallrar om framtida generationers badförbud och på sikt även dricksvattensproblematik. Vi har alla anledningar av att försöka lära oss av något som skedde för miljarder år sedan.

Vi har precis just nu byggt en ny sluss i Stockholm som på ett bra sätt kommer att kunna reglera och skydda Mälaren från Östersjön. Det är tillräckligt åtminstone århundradet ut. Sedan kommer vi högst troligen få en vatteninströmning från Östersjön in i Mälaren som är en drickvattenkälla för många av våra städer. Salthalten kan vi möjligen filtrera bort med nya energikällor, men om Östersjön innehåller farliga tungmetaller, antibiotika, hormoner eller andra kemikalier är det mer än problematiskt.

Åter till Kambrium-ordovicium-utdöendet. Det går att summera den händelsen som för mycket av det goda. Det var en fest som pågick i miljoner år och deltagarna var de flercelliga organismerna. Havsbottnar hamnade i övergödning och syrebrist.

Livet höll på att ta slut här och klarade sig undan med nöd och näppe i en massutrotning som räknas som den näst allvarligaste. Livet festade för mycket och konsekvenserna lyckades nästan med bedriften att utrota livet vilket är en otroligt svår bedrift.

Efter en stor katastrof av det här slaget tar det ungefär mellan 5 och 10 miljoner år för liv och artrikedomen att återhämta sig, För riktigt stora händelser kan det ta upp till 30 miljoner år. Efter två närliggande massutdöenden skulle nu livet få nästan 100 miljoner år på sig att återhämta sig. Nya arter växte fram men höll sig fortfarande i havet. Trilobiterna hade lyckats överleva de förra perioderna av massutdöenden men de var kraftigt reducerade och gav nu plats för fiskarna. På land var det fortfarande inga varelser, men växterna hade börjat så fotfäste i den härliga myllan. De växte som tokiga eftersom atmosfären var helt rätt för växter. Koldioxidhalten var optimal för växtlighet och detta skulle snart leda till nästa massutdöende. När träden nästan dödade havet och den period som vi kallar det devoniska massutdöendet.

KAPITEL SEX:
ÄR LIVET SIN EGEN FIENDE?

Massutdöenden har oftast en ganska tydlig orsak men just det här fallet, det devoniska massutdöendet för 360 miljoner år sedan, finns det inte supertydliga bevis för vad som låg bakom. Det finns några stora meteoritkratrar som kan härstamma från den här tiden och den kanske mest intressanta ligger i Dalarna i Sverige. Där har vi något som kallas Siljansringen och den utgör Europas största nedslagskrater med en diameter på hela 52km. Även en stor krater i Australien ligger rätt i tid för att kunna varit en bidragande orsak. Dessa asteroider är dock bara en knapp fjärdedel av den storlek som senare skulle slå ut alla dinosaurier så teorierna håller inte hela vägen. En professor vid namn Thomas Algeo kom i början av 2000-talet fram med en annan teori som än så länge har antagits som den mest troliga. Att det var växterna som orsakade katastrofen. I sin rapport *"Testing the land plant-weathering rate hypothesis for Devonian marine anoxia and mass extinction events"* (8), lade han fram teorin att det var ett resultat av kärlväxterna. Det är en familj som omfattas av träd,

61

buskar, örter och ormbunkar. Kärlväxter kan tillverka lignin som ger växterna en enorm styrka, tillräckligt för att kunna böka om ordentligt med rötterna i Jorden. Det fanns inga djur som kunde beta av växterna och det fanns ej heller någon förmultningsprocess som drevs av organismer på land och insekter. Överallt på land blev det enorma gödselfabriker som med hjälp av vattendrag och nederbörd till slut hamnade i havet. Nu var vi igång igen. Massiva algblomningar och övergödning när algerna i havet kalasade på all smaskig näring som kom från land.

Algerna dör till slut och landar på botten där de förmultnar tillsammans med allt annat som kom från land och som också blev liggande här i en förmultningsprocess som sög upp allt syre från vattnet. Under en lång tid drevs fiskar och djur i havet allt längre upp mot ytan i sin jakt på syre och överlevnad. Hajarna, som faktiskt överlevde den här svåra tiden drevs med sina bytesdjur upp till ytan, medan många andra djur som inte kunde anpassa sig till livet vid ytan dog ut. Ytterligare en teori från en australisk studie från 2012 går att kombinera med denna för att ytterligare förklara devoniska utdöendet. Ett forskarteam med Kliti Grice från Curtin University i Perth i spetsen hävdar att haven även blev förgiftade med svavelföroreningar. Att det skulle vara våra vänner Anaeroberna – mikroorganismerna som inte tålde syre – som nu återigen kunde börja leva i haven och deras restprodukt är faktiskt svavelväte. Den där stanken av ruttna ägg som du säkert vid något tillfälle har mött.

Katastrofen slutar inte bara för att syret tagit slut och svavelväte fyllde våra hav. Nej växterna hade ställt till med mer än så. De hade varit så flitiga med konsumtionen av koldioxid att de faktiskt orsakat en klimatkatastrof. Koldioxid är en växthusgas och när den höll på att försvinna sjönk även temperaturen i rasande fart. Glaciärerna växte och inlandsisarna höjde sig vilket gjorde att den globala havsnivån nu hamnade ungefär 100 meter under dagens nivå. Detta borde ge oss en eftertanke eftersom det fortfarande finns så mycket vatten kvar i våra glaciärer att vår havsnivå idag kan höjas ytterligare cirka 70 meter.

Livet som självdestruktiv kraft

Som om inte syrebristen och den svavelvätet med sin ruttna stank var nog, nu fanns det knappt vatten kvar för många av arterna att kunna fortsätta leva och massutdöendet var ett faktum. Nästan 90% av alla havslevande arter tvingades ge upp här. Återigen tvingades livet att ställa om och göra sig redo för återhämtning. Nya arter och ännu en evolutionsmöjlighet i andra riktningar. Det finns ännu en teori som kan kopplas ihop med devonmassdöden och kom 2009. Det är paleontologen Peter Ward som i sin bok *The Medea Hypothesis: Is Life on Earth Ultimately Self-Destructive?* (9), ställer frågan om livet kanske är sin egen värsta fiende? Förutsättningarna på Jorden verkar nästan tyda på det. Hypotesen är vald med omsorg eftersom Medea kommer från den grekiska mytologin där hon mördade sina barn. Historien så här långt verkar gå ut på att livet växer sig starkt och komplext och det verkar alltid leda till katastrof. Först var det cyanobakterierna och sedan det flercelliga livet som skapade istiderna och nu under devonperioden var det i stället växterna som körde livet i botten.

Det finns dock inget dåligt som inte för något gott med sig. Hur tror du att det kom sig att djur klev upp på land? Allt liv är skapat för att vara i vatten. Det är först när livet behöver kunna överleva någon annanstans som vi måste utveckla en kropp som tillåter oss att ta "havet med oss". En tålig och tät hud. Under devonperioden, när havet försvann och fylldes med gift var det enda alternativet för några av djuren. Evolutionen lät några fiskarter krypa korta sträckor på land och fenor blev till något som möjliggjorde landförflyttning. Detta evolutionens sidohopp är anledningen till reptilerna, fåglarna och däggdjuren, inklusive oss själva. Hade inte växterna festat loss, havet blivit syrefattigt och giftigt samt sänkts 100 meter, hade vi kanske inte suttit här som människor i den form vi gör idag. Högst troligen inte. De fiskar som lyckades kräla upp på land är din och min stamfader. Döden är livets största skapare.

KAPITEL SJU:
EN SNABB DÖD I METAN

Vi är nu framme vid det största massutdöendet i Jordens historia. Perm-trias-utdöendet. Det inträffade för 251 miljoner år sedan och av alla stora händelser vad det denna tid som tog livet till bristningsgränsen. Som omväxling var det inte livet själv som var den skyldige utan den här gången var det planeten Jorden som ställde till det. I det som idag kallas Sibirien gav jordskorpan vika och öppnade upp för något som kan liknas vid en serie vulkanutbrott som pågick i en miljon år. Under den tiden flödade lika mycket lava ut som räcker för att täcka Sverige flera gånger om och bildade den Sibiriska trapporna (10). Fyra miljoner kubikkilometer av bergarten basalt. Det går nästan inte att föreställa sig vilket enormt utbrott det egentligen var. Det största utbrottet vi känner till i modern tid är vulkanen Tambora i Indonesien som 1815 vräkte ur sig 150 kubikkilometer material. Mot 4 miljoner kubikkilometer känns den snarare som en leksaksvulkan. Går vi längre tillbaka i tiden hittar vi supervulkanen Yellowstone som under sitt senaste utbrott slängde ur sig 2500 kubikkilometer material.

Om det skulle ske idag skulle USA upphöra att existera. Det finns ingenting att jämföra med när vi tittar på vad som hände i Sibirien för 251 miljoner år sedan.

Det en miljon år långa vulkanutbrottet skapade först en atomvinter och en kraftig global nerkylning. Den enorma mängden koldioxid skapade på sikt ett växthus och höjde Jordens medeltemperatur med fem grader Celsius. Det får som effekt att stora mängder metan lossnar från havsbotten och höjer sedan medeltemperaturen med ytterligare fem grader. En total ökning på 10 grader vilket kan jämföras med de siffror som presenteras i dagens Parisavtal när domedagen inträffar omkring tre grader. De elaka effekterna av utbrottet slutar inte här. Lavan tog sig ner i jordskorpan och antände de enorma mängder kol som hade samlats där under karbontiden och hela kontinenten förvandlades till ett glödande inferno. Syrenivån sänktes från 30% till 15% och det blev gigantiska utsläpp av svaveldioxid. Som en reaktion på det skadades ozonlagret allvarligt och alla regn blev sura och frätande. Havet försurades så svårt att alla arter som var beroende av att bygga skal inte längre kunde göra detta och 70% av de arterna dog ut bara av den anledningen. Det uppvärmda havet som nu förlorade syrehalten började för andra gången i historien att dofta ruttet ägg (svavelväte) och världen blev återigen en mycket dödlig och ogästvänlig plats för liv.

En rapport från Harvard 2014 lägger fram en teori om att det var en liten bakterie som var den stora boven till de riktigt svåra följderna. Vulkanutbrottet ställde otvivelaktigt till mycket, men var kanske ändå bara den utlösande faktorn. I forskarrapporten "Methanogenic burst in the end-Permian carbon cycle" (11), berättas det om en liten encellig organism vid namn Methanosarcina som för 250 miljoner år sedan utvecklade en gen som lät den använda acetaten. Det är ett kolväte som frigjordes från havsbotten och fanns i överflöd. När Methanosarcina mumsade i sig acetatet tillsammans med zink, vilket kom från den en miljon år långa vulkanutbrottet, ja då tillverkas metan som restprodukt. Forskarna menar att det var Methanosarcinas utsläpp som skapade den här metanbomben som egentligen låg till grund för allt elände.

Oavsett om det var vulkanen eller den lilla encelliga organismen, eller kombinationen av de två, som var skyldig till den värsta katastrofen av dem alla, det var en svår tid. 96% av alla havslevande arter dog ut här och 70% av alla djur som hade kravlat sig upp för ett liv på land. De trilobiter som hade överlevt alla de tidigare katastroferna överlevde inte den här. Inte en enda fanns kvar efter den här utmaningen. Ungefär 10% av alla Jordens nu levande arter överlevde och allt hände väldigt snabbt. Det fanns ingen förvarning kopplat till detta. I geologiska mått hände allt på ett ögonblick och vips så var nästan allt borta.

En farfar med huggtänder

Finns det något bra som kom ur den här perioden? Det är svårt att definiera bra här, men ja det finns tydliga tecken på att döden har format livet även här som leder fram till att vi sitter här. Jag skriver och du läser. Vi den här tidpunkten fanns några tydliga och olika grenar av djur på land. De två viktigaste var Synapsiderna (däggdjurens förfäder) och Sauropsiderna (dinosauriernas förfäder). De tävlade under tid om världsherraväldet men när katastrofen kom gick de skilda väger som kan förklaras med att de valde olika metoder för att skydda sig undan kölden, värmen och den låga syrenivån. Sauropsiderna (de tidiga dinosaurierna) hade ett hemligt vapen i kampen om att kunna överleva och det hade med deras andningsapparat att göra. De var fantastiska på att utvinna syre eftersom deras lungor var mycket mer effektiva än alla andra arter. De kunde utan problem överleva med endast 15%-ig syrehalt. Synapsiderna (våra förfäder) blev först tvungna att dra sig undan från ytan på grund av kylan och värmen och istället bli varelse som levde under jorden. I tunnlar, gryt och gångar. Syrebristen och det trånga utrymmet gjorde arterna som överlevde anpassade för det livet vilket även resulterade i att storleken krympte.

Vår ur-pappa och ur-mamma hade ungefär samma storlek som en räv och är av arten Cynodontia. Den är hårig med små huggtänder och klor anpassade för att gräva. Den ser ut som ett däggdjur men lägger fortfarande ägg som en reptil. Den överlevde både katastrofen genom att hålla sig till underjorden och nattetiden. Det hemliga vapnet här var snabbhet. Både i tassarna och i evolutionen. Den var vaken på

nätterna och den jagade insekter. Sauropsiderna (de
tidiga dinosaurierna) var ännu rätt små och såg
ungefär ut som vår tids kalkoner i form och storlek. De
behövde inte gömma sig och kunde nu få ströva fritt
utan några egentliga fiender.

Detta lägger grunden för kommande tider. Det
som snart skall bli däggdjur har utvecklats till att
kunna leva under marken. Om det inte hade skett här,
så hade de troligen inte heller överlevt den meteorit
som redan vid det här laget antagligen redan var på
väg mot jorden. Det skulle bara dröja ytterligare några
hundra miljoner år innan den träffade havet strax
utanför Mexiko och utplånade nästan allt. Allt utom de
små djuren som vid den här tidpunkten levde i små
grottgångar. Men innan vi kommer dit har vi ännu en
stor katastrof att gå igenom. Den dagen då det började
regna i två miljoner år i sträck. Den svenska sommaren
är trots allt inte värst.

71

KAPITEL ÅTTA:
ETT FÖRÄNDRANDE REGN

Det hade inte gått länge sett ur planetens perspektiv innan nästa katastrof och massutdöende hälsade på. Någonstans omkring 20 miljoner år sedan senaste katastrofen var det nu dags för nästa utmaning. Den kallas för Trias-jura-utdöendet och inträffade för lite drygt 200 miljoner år sedan. Då var landmassan inte så utspridd som nuläget utan vi hade en superkontinent som vi kallar Pangaea. Eftersom landmassan var så enorm orkade oftast inte regnmolnen bära in vatten så långt in över land vilket resulterade i att Pangaea dominerades av en jättelik öken i mitten. Det liv som fanns på land dominerades av reptiler. Livet hade inte riktigt hunnit klättra tillbaka från senaste utrotningen och artrikedomen var lite fattig.

Allt började med att en stor spricka öppnade sig i Jorden längs det som vi idag kallas Wrangell-bergskedjan. Den sträckte sig från västra Kanada längst hela stillahavskusten och ända upp till Alaska. Upp ur sprickan flödade basalt och bildade ett lager som var flera kilometer tjockt. Koldioxiden sköt i höjden och den globala temperaturen sköt i höjden precis som ett flertal gånger förut. Efter hand som Jorden värmdes upp avdunstande fukt från världshaven och förvandlade Jorden till en ångdrypande bastu. Atmosfären blev så mättad med fukt att när det väl började regna fortsatte regnandet i en miljon år. Det resulterade i dåliga effekter får många havslevande varelser när havets kemi förändras av sådana kraftiga regn. Salthalt och näringsämnen sätts ut balans. För det som skulle bli dinosaurierna (Sauropsiderna) var det tvärtom. Den här regnperioden var startskottet för en accelererad evolution, inte minst för storleken. De klev nu fram som riktiga dinosaurier som vi tänker oss dem. Stora och dominerade. Skogarna frodades och gav liv åt de växtätande dinosaurierna som i sin tur gav mat till de köttätande arterna. Det fanns andra arter som också upplevde en stor utveckling. Växtplankton av den typen, som idag tillverkar hälften av all den syre vi andas, utvecklades under den här tiden. Det gjorde även korallerna som utgör det artrika djurlivet i och omkring våra korallrev.

Det kanske inte lät som en katastrof men det var det ändå, även om den inte riskerade att totalt utrota livet. 20% av de havslevande djuren dog ut tillsammans många olika arter av dinosaurier som inte klarade sumpmarkerna, temperaturerna och vädret. Krokodiler och många dinosaurier trivdes i de träsk och regnskogar som uppstod, de andra dog. Trots att det rörde sig om att allt blev träsk och sumpmarker dog alla stora groddjur här och lämnade endast kvar några små stammar av paddor och grodor. De få och små stammarna som klarade sig lever vidare än idag, men har antagligen inte så långt kvar om vi lyssnar på prognosen för just groddjur. De verkar inte kunna hantera människans påverkan särskilt väl.

Det slutade regna efter två miljoner år och det var inte samma värld längre. Pangaea hade förvandlats från en stor och torr öken till en frodig plats för liv. Utan den här perioden hade däggdjuren inte haft en plats i historien. Världen hade endast varit inbjudande för reptiler och de få förfäder vi hade och som överlevde genom att stanna kvar i grottorna. Nu var dinosaurierna inte bara fler, de hade vuxit sig stora och farliga.

KAPITEL NIO:
ASTEROIDEN SOM GAV LIV

Den senaste svåra tiden på Jorden skedde för ca 66 miljoner år sedan och det var då som dinosaurierna dog ut. Det finns ett flertal teorier om varför, exempelvis hur mycket några vulkaner i Indien egentligen hjälpte till att skapa dåliga förhållanden. De flesta teorierna pekar ändå på den mörka asteroid som enligt beräkningarna under miljoner år påverkats av gravitationen från planeterna omkring för att den till slut hamna på kollisionskurs med Jorden. Samma beräkningar vill gärna även peka på att detta är en återkommande händelse som har 250 miljoner år mellan händelserna. Skulle det stämma har vi minst 190 miljoner år på oss att lösa situationen innan nästa mörka asteroid kommer åkande.

När asteroiden slog ned skapade den en 180 km stor krater nära dagens Mexiko som fått namnet Chicxulub-kratern. Kratern blev 180 kilometer bred och 20 kilometer djup. Efter nedslaget reste sig havet upp och ute på Atlanten blev våghöjden 1,5 kilometer

75

hög. Nordamerika sköljdes över av en 600 meter hög tsunami. Hettan av nedslaget fyllde Jordens atmosfär med sand som i sin tur dumpade sin värme däruppe och drev upp temperaturen i atmosfären till över 1000 grader Celsius under flera timmar. Denna infraröda "värmepuls" tände eld på det mesta som inte befanns sig djupt nere under marken eller under vattenytan.

Det går att likställa denna händelse med att 1-megaton-atombomber briserar med 10 km mellanrum samtidigt över hela Jordens yta. Samtidigt och överallt.

Det går enkelt att hitta spår av denna asteroid över hela Jordens yta i form av ett tunt lager iridium. Det är ett sällsynt grundämne här på Jorden men finns ofta i stor mängd just i asteroider. Detta lager av iridium går att spåra i överallt på Jorden om du gräver tillräckligt djupt. Över iridium-lagret finns det även ett lager av kol och även det över hela Jorden vid tidpunkten av 66 miljoner år sedan. Mängden kol kan inte "bara" ha kommit från nedslaget utan pekar på en enorm global brand. Världen stod bokstavligen i brand. 70% av all växtlighet på Jorden brann upp och 75% av allt annat liv dog ut. Eftersom vind har sitt ursprung i temperaturskiftningar går det knappt att föreställa sig vilka stormar som rimligen bör ha dragit fram över världen vid den här tidpunkten, och att använda uttryck som eldorkaner är antagligen inte långt ifrån sanningen. Alla landbaserade dinosaurier dog här. Enda chansen för något att överleva var under marken.

Ur människans synpunkt vad detta som att vinna på lotto. Detta var förutsättningen för att vi skulle ha en möjlighet att utvecklas. Däggdjuren var under dinosaurietiden små djur som oftast levde under marken vilket också var den faktor som räddade dem undan elden, vindarna och kölden som följde. När dammet bokstavligen hade lagt sig var det små däggdjur som kröp fram till en värld utan de tidigare härskande dinosaurierna. Detta hade aldrig hänt om det inte vore för den där asteroiden. Dinosaurierna var så totalt dominanta på planeten att tanken på att det skulle tillåtas springa runt lite mumsiga däggdjur bland dessa reptiler känns inte ens logiskt. Precis som stjärnorna som dog för att vi skulle få leva, så gjorde nu dinosaurierna samma ej självvalda uppoffring. Av alla tillfällen då döden har format och skapat liv var detta kanske en av de tydligaste.

Detta var det sista utdöendet och nu låg vägen fram till människorna klar. Nu fanns det inga fler hinder från naturen. Det har föreslagits att massutdöenden är cykliska förlopp som återkommer i långa varv. David Raup och John Sepkovski publicerade en artikel i Science (12) att dessa cykler är 26 till 30 miljoner år. Ett drygt decennium senare, 2006 publicerade Robert A. Rohde och Richard A. Muller ytterligare en rapport som berättar om att artrikedomen fluktuerar i en cykel på 62 miljoner år. Anledningar är ett flertal och inkluderar både vulkaner, kontinentaldrift, men teorierna tar även upp den hypotetiska dubbelstjärnan Nemesis som med jämna mellanrum stör Oorts kometmoln. Något värt att notera är att både Raup & Sepkovski och Rohde & Muller är rörande överens om nästa massdöd som inte är orsakat av människan själv - den kommer inom de närmaste 10 miljoner åren.

I detta kapitel jagade vi och förhoppningsvis fann även insikten att planeten Jorden och livet inte alltid har levt som vänner och stöttat varandra. Planeten kommer att klara alla kriser och stora katastrofer och troligen även liv. Det är svårt att helt utrota liv när det väl uppstått och fått fäste. Det er da och kanske viktigaste som händer är att döden justerar, formar och tvingar livet till anpassningar. Liv är starkt och motståndskraftigt, men en art eller ett släkte är väldigt skört och ömtåligt. Det kommer troligen aldrig att förändras. Det finns undantag såklart. Kackerlackan är kanske det bästa exemplet på en art som bevisar motsatsen.

Kackerlackan har funnits här på Jorden sedan insekterna dök upp för 300 miljoner år sedan och överlevt alla katastrofer. De har i stort sett inte utvecklats alls under den tiden vilket tyder på att de är nära perfektion. De är kanske de bästa överlevarna av dem alla. Den tillsammans med bakterier, bananfluger och björndjur skulle överleva ett globalt kärnvapenkrig. Om en kackerlacka skulle bli av med huvudet lever den vidare och dör inte förrän sex veckor senare på grund av svält. Honorna behöver bara befruktas en gång av hanarna och kan sedan lagra sperman till alla framtida kullar. De kan äta och få näring ur allt organiskt material som finns och de klarar sig under vatten i upp till 40 minuter då deras skal är helt vattentätt. Det är ganska enkelt att förstå att om kackerlackorna hade varit lite större, tänk dinosaurie, hade planeten definitivt tillhört dem. Ingen annan livsform hade kunnat utmana dem.

KAPITEL TIO:
HOMO SAPIENS VÄG TILL NUET

Verktyg och hjärnan

Att ge sig själv uppgiften att skriva om
människans resa från tidiga Afrika till den moderna
revolutionen känns snudd på befängt om tanken är att
det skall få plats på några enstaka sidor. Även om jag
skulle lyckas att filtrera fakta från rena gissningar så
kvarstår utmaningen att göra det intressant och
läsvärt ur något annat perspektiv än rent
dokumentärt. Likt tidigare kapitel där jag förklarade
Jordens historia genom att endast berätta om stora
massutdöenden, kommer jag här att försöka återge
miljoner år av utveckling genom att belysa några
enstaka viktiga förändringar. Förändringar som tog oss
människor från en av savannens alla varelser till att
bli herren på täppan och den maktdominanta varelsen
på planeten Jorden.

En av de tidigaste förändringarna som skedde
hos våra förfäder var utvecklingen av en upprätt
gångstil (bipedalism). Det kan tyckas vara så enkelt

81

och självklart men vi tänker kanske inte på vilken kraftfull förändring det är för ett helt släkte. Plötsligt frigörs händerna för andra aktiviteter såsom att böra föda och interagera med verktyg i sina handlingar. Allt blir plötsligt så mycket annorlunda. Jakten blir så mycket effektivare och försvar blir en ny egenskap. Bara genom att förflyttningen nu endast sker med två ben gjordes långdistansvandringar möjliga vilket lägger grunden för såväl mer föda som geografisk spridning.

I mycket av historia finner man att det ena leder till det andra. Så är det på alla nivåer i alla livets skeenden. När vi plötsligt hade två händer att tillgå under förflyttning blev det naturligt att vi i allt större omfattning började använda verktyg. Det blev en mycket avgörande faktor i vår resa mot överlevnad och dominans. De tidigaste stenverktygen som hittats är cirka 2,6 miljoner år gamla och associerade med Homo habilis. Verktygen användes primärt för jakt, matberedning och skydd. Verktygen användes inte bara för att exempelvis fälla ett djur, utan även för att effektivt kunna ta reda på alla köttdetaljer under slakten. Det ger i sin tur tillgång till extra näringsrik föda då märg, hjärna och liknande detaljer kan utvinnas. Detta kan ha bidragit till ökningen och utvecklingen av vår egen hjärna på ett tidigt stadium.

En av de mest avgörande faktorerna för människans utveckling var faktiskt just precis det – hjärnan. Genom evolutionen har hjärna hos våra förfäder gradvist vuxit i storlek och komplexitet, särskilt hos arter som Homo erectus och den senare Homo sapiens. Större hjärnor möjliggjorde mer komplext tänkande, problemlösning, språk och social interaktion. Intelligensen gjorde det möjligt att skapa mer och fler avancerade verktyg och teknik. Här någonstans kom elden till byn. Vi lärde oss att göra upp eld och förutom att ytterligare stärka vårt försvar och vår överlevnad skapade vi även ytterligare förutsättningar för hjärnan att växa. När vi började tillaga mat över öppen eld gick det åt mindre energi till matsmältningsprocessen och den energin gick istället till att än mer utveckla våra hjärnor. Elden tros ha använts som verktyg för första gången av människor för cirka 1,5 miljoner år sedan. Den gav oss inte bara ett längre dygn och effektivare matsmältning och möjligen större hjärnor, utan var även ett krav för att vi senare skulle kunna migrera norrut där klimatet var kallare.

Språk och social organisation

Människor började leva i allt större och mer organiserade grupper. Detta som en följd av att vår hjärna utvecklades och med den utvecklingen kom språk. Det gjorde det möjligt för tidiga människor att kunna kommunicera mer effektivt, överföra kunskap mellan generationer och att samarbeta i större grupper. Detta blev ännu ett steg i rätt riktning för både jakt och överlevnad, men även hjärnans utveckling. Språk och kommunikation utvecklar hjärnan ordentligt. Gruppen som nu kunde kommunicera var starkare än individen. Det går att hävda att redan här tog vi över kronan som savannens konung och att den kommunicerande gruppen med verktyg inte längre behövde vara rädd för något annat djur.

Nu hade dörren öppnats till en av de viktigaste milstolparna i vår evolutionära resa nämligen utvecklingen av komplexa sociala organisationer och kultur. Människan är en extremt social varelse och det är inom denna förmåga att organisera sig i grupper, dela resurser och kommunicera som vi fann vår unika nisch i djurriket. Samhällen blev den arena där vi kunde uppfinna, anpassa oss och till slut dominera vår omgivning.

Tidiga människor levde i små nomadiska grupper om cirka 20–50 individer, ofta bestående av familjer eller närstående. Dessa grupper hade ett starkt behov av samarbete för att överleva – att jaga stora djur krävde att alla arbetade tillsammans, och att skydda sig mot rovdjur eller andra stammar krävde strategier som en ensam individ inte kunde utföra. Genom detta tidiga samarbete började en enkel men effektiv arbetsfördelning utvecklas, där olika individer specialiserade sig på olika uppgifter, beroende på deras styrkor och färdigheter.

I dessa små grupper utvecklades också det första sociala kontraktet – ett oskrivet regelsystem där varje individ förväntades bidra till gruppens välfärd i utbyte mot skydd och resurser. Samarbete och samförstånd var grundläggande för överlevnad. Sociala band stärktes genom gemensamma aktiviteter som jakt, matlagning och barnuppfostran. Ritualer och ceremonier började också utvecklas som ett sätt att fira framgångar eller bearbeta förluster, och dessa rituella handlingar var embryon till de religiösa och kulturella traditioner som skulle komma att prägla människans historia.

För ungefär 60 000 år sedan började ett av de mest betydelsefulla kapitlen i mänsklighetens historia – vår utvandring från Afrika. Det var vid denna tid som de första grupperna av Homo sapiens, våra förfäder, började sprida sig över Jorden och utforska okända länder. Denna massiva migration, som varade i tusentals år, formade vår värld och ledde till den kulturella och genetiska mångfald som vi ser idag.

Men innan denna stora vandring hade vår art redan överlevt en av de mest allvarliga katastroferna som någonsin drabbat mänskligheten. För cirka 74 000 år sedan exploderade supervulkanen Toba i vad som idag är Indonesien. Utbrottet spydde ut askmoln över stora delar av världen och orsakade en klimatkatastrof. Det blev en vulkanisk vinter som varade i flera år, och temperaturen sjönk dramatiskt. Förhållandena blev så hårda att forskare tror att den mänskliga befolkningen reducerades till endast några tusen individer – en genetisk flaskhals som ännu idag kan spåras i vårt DNA. Detta lilla antal överlevande blev förfäder till alla människor som lever idag, vilket gör att vi alla delar en gemensam genetisk historia.

Den långa vandringen

Efter Toba-katastrofen återhämtade sig de små grupperna av människor som hade överlevt, och sakta började de återigen sprida sig över Afrika. Omkring 60 000 år sedan började några av dessa grupper ge sig av på en resa som skulle ta dem bortom den afrikanska kontinenten. Genom att vandra längs kusten kom de tidigaste utvandrarna att sprida sig österut, genom Mellanöstern och in i Asien.

Vissa av dessa grupper stannade kvar i områden som idag utgör Mellanöstern och Centralasien. En av de mest spännande teorierna är att arkeologiska fynd i Israel och på den Arabiska halvön visar att små grupper av Homo sapiens hade börjat etablera sig där redan tidigare, men det var först efter den stora vågen av migration från Afrika som vi började se en spridning i större skala.

En av de mest anmärkningsvärda historierna om denna tidiga spridning är resan till Australien. Genom att använda enkla flottar eller kanske bara vada genom grunda vattendrag, tros de första människorna ha nått Australiens kust för cirka 50 000 år sedan. Denna långvariga avskildhet gjorde att de människor som levde där utvecklade unika kulturer och seder, vilket aboriginerna bär på än idag.

Spridningen till Europa och Asien

Andra grupper rörde sig västerut och nordväst, och för cirka 45 000 år sedan nådde människor Europa. De mötte då ett kallt, oförlåtande klimat som kontrollerades av de sista isarna under istiden. Här fanns också andra mänskliga arter, som Neandertalarna, som länge hade levt i Europa och delar av Asien. Mötet mellan Homo sapiens och Neandertalarna är fortfarande ett fascinerande kapitel i vår historia. I många områden tycks dessa två arter ha samexisterat och till och med blandat sig genetiskt, vilket vi ser spår av i dagens människors DNA. Här kunde kapitlet om våra förfäder och indirekt om dig och mig ha slutat. Neandertalarna som fanns här innan var anpassade till den kalla klimatet och fysiskt starkare. Vi kunde så enkelt ha tappat dominansen här men ändå var det vi som överlevde och Neandertalarna som gradvis försvann. Vi har inte alla svaren på detta, men vi kan inte annat än att njuta av resultatet.

I Asien delade Homo sapiens marken med en annan art, den gåtfulla Denisova-människan, vars gener vi också bär spår av idag. Denna samexistens med andra arter är ett av de tydligaste tecknen på att den mänskliga utvecklingen inte var linjär – vi var inte ensamma, och vi interagerade med andra arter på sätt som påverkade vår egen genetiska och kulturella utveckling.

När grupper av Homo sapiens vandrade vidare genom Centralasien och in i Europa utvecklade de olika anpassningar till det hårda klimatet. I norr, i områden som senare skulle bli dagens Skandinavien, tvingades de anpassa sig till extrem kyla och långa vintrar. Det är härifrån vi tror att de första tendenserna till ljusare hudtoner började utvecklas, då en ljusare hud hjälpte till att absorbera mer D-vitamin från det svaga solljuset. I södra delar av Asien, och i områden som skulle bli Kina och Indien, utvecklades andra anpassningar och komplexa samhällen växte fram.

Civilisationer och imperier

När människan väl hade etablerat sig över olika delar av världen, började samhällen växa fram och utvecklas. Jordbruket uppfanns oberoende på flera platser, vilket gjorde att människan kunde gå från ett nomadiskt liv till att bosätta sig permanent. I Mellanöstern, längs floderna Eufrat och Tigris, uppstod den första högkulturen – Mesopotamien, med städer som Ur och Babylon. Här utvecklades skriftspråk, lagar och avancerad teknik.

I Egypten växte en annan stor civilisation fram vid Nilens stränder, och pyramiderna som dessa tidiga egyptier reste vittnar än idag om deras tekniska och organisatoriska skicklighet. Längre österut, i Indien och Kina, uppstod liknande stora riken, med enorma städer, handelssystem och filosofiska tankar som skulle prägla deras respektive kulturer i tusentals år.

I Europa grundades städer och kulturer som skulle komma att forma västvärlden. Det var under denna tid som imperier som Romarriket och Makedonien uppstod. Dessa imperier erövrade stora landområden, spred sin kultur och teknologi och lade grunden till många av de moderna länder vi känner idag.

Amerika och Stilla havet

Medan stora imperier växte fram i Europa, Asien och Afrika, fanns det också människogrupper som hade rest mycket längre. För cirka 15 000 år sedan nådde de första människorna Amerika genom att vandra över en landbro mellan Sibirien och Alaska, som var öppen under istiden. De spridde sig snabbt över hela den amerikanska kontinenten, från den arktiska tundran i norr till de tropiska regnskogarna i söder. Här utvecklade de komplexa samhällen, som Maya, Aztek- och Inkarikena, och de byggde imponerande städer och odlingssystem.

Längre ut i Stilla havet, på öar som Hawaii och Nya Zeeland, fanns det grupper av människor som hade seglat över öppna oceaner i sina kanoter, och dessa människor utvecklade sina egna unika kulturer i total avskildhet från resten av världen.

Från imperier till industrialisering

Under de senaste årtusendena växte och föll många imperier. Romarriket föll och ersattes av medeltida kungadömen, men med upptäckten av Amerika och framväxten av europeiska kolonialmakter, tog en ny era sin början. Europa kom att dominera stora delar av världen genom sina kolonier, och nya imperier, som det brittiska, franska och spanska, växte fram.

Den stora förändringen kom dock under 1800-talet med industrialiseringen. Maskiner och ångkraft ersatte handarbete och förändrade samhället i grunden. Städer växte snabbt och människans förmåga att producera och kontrollera naturresurser ökade dramatiskt. Koloniala makter använde denna nya kraft för att dominera stora delar av Afrika, Asien och Amerika, och de tidigare stora imperierna, som Inkariket och de indiska kungadömena, kom att falla under den europeiska expansionen.

Under 1800-talet ser vi början på den industriella revolutionen, som i grunden skulle förändra världen. Med utvecklingen av ångmaskiner, mekaniserade textilfabriker och järnproduktion tog teknologin ett språng framåt. För första gången kunde stora mängder varor produceras snabbt och effektivt och samhällen började förflytta sig från att vara jordbruksekonomier till att bli industriella.

Storbritannien var pionjär i denna utveckling, med nya maskiner som "Spinning Jenny" och ångmaskiner som drev fabriker. Detta ledde till en urbanisering utan motstycke, där människor lämnade landsbygden för att arbeta i städerna. Fabriker växte fram i stor skala, och industrier som textil, järn och kol blev drivkrafterna i de nya ekonomierna.

Den industriella revolutionen skapade en ny samhällsordning. Arbetskraften organiserades på fabriker, och nya sociala klasser uppstod: arbetarklassen och den framväxande industrikapitalistklassen. Den nya tekniken förändrade inte bara arbetslivet utan också människors livsstil, samhällsstrukturer och ekonomiska system.

Från jordbrukssamhällen och tidiga civilisationer till den industriella revolutionens framväxt har människans förmåga att omvandla sin omvärld varit central för vår utveckling. Medan jordbruket möjliggjorde bosättning och befolkningsökning, skapade den industriella revolutionen grunden för den moderna världen genom teknologisk utveckling, industrialisering och urbanisering.

På bara några århundraden gick mänskligheten från att vara jordbrukare bundna till marken till att kontrollera maskiner som kunde producera enorma mängder varor. Den industriella revolutionen var början på den moderna eran, och den utveckling som tog fart då fortsätter att påverka våra liv än idag.

Vår tid

Idag lever vi i en värld som är sammanlänkad genom teknik, handel och kultur. De stora imperierna har försvunnit, och vi lever i nationalstater som har formats av tusentals år av migration, anpassning och erövringar. Men oavsett var vi kommer ifrån eller vilken kultur vi tillhör, bär vi alla på spår av våra förfäders resa från Afrika. Vi är alla ett resultat av den långa vandringen som började för 60 000 år sedan, och varje människa på Jorden delar en gemensam historia som kan spåras tillbaka till de modiga pionjärer som först lämnade kontinenten efter att varit nära utrotning.

Det är en påminnelse om att vi trots alla våra skillnader är djupt sammanlänkade – både genetiskt och kulturellt – av vår gemensamma mänskliga historia.

Om vi fortsätter på den här linjen och försöker förutspå vilka stora monumentala utvecklingshändelser som vi människor har framför oss, är det inte svårt att se tre tydliga händelser. Detta är vad nästa kapitel och detta århundrade kommer att handla om. De allra tydligaste händelserna som redan syns på horisonten är artificiell intelligens, rymdkolonisering och bioteknik. Alla utgör naturliga steg i samma riktning som en gång startade för 60 000 år sedan i Afrika.

Artificiell intelligens och automation

Artificiell intelligens (AI) och automation är redan idag på väg att revolutionera samhällen och kommer sannolikt att bli ännu mer betydelsefulla framöver. Med artificiell intelligens kan vi skapa system som överträffar mänsklig intelligens i specifika uppgifter, vilket kan leda till en rad innovationer inom medicin, energi, transport, och forskning. Samtidigt innebär automation att mänskligt arbete kan ersättas av maskiner i allt fler sektorer, vilket kan förändra inte bara ekonomin i grunden utan själva anledningen till mycket av det som driver oss och får oss att arbeta tillsammans. Vi färdas redan tillsammans med den artificiella intelligensen. Vi vet dock inte riktigt vart färden går eller hur vi kommer trivas längre fram.

Rymdkolonisering och utforskning

Människans utforskning av rymden kommer sannolikt att bli avgörande för vår långsiktiga överlevnad. Kolonisering av andra planeter, till exempel Mars, kan skapa nya livsmiljöer bortom Jorden, vilket kan säkra mänsklighetens överlevnad om vår planet skulle bli oboelig på grund av klimatförändringar, naturkatastrofer eller andra hot.

Vi vet med 100% säkerhet att Jorden inte är den eviga platsen för liv. Om vi inte siktar på rymden för överlevnad blir vårt släkte ett temporärt och kort gästspel.

Bioteknik och genetisk manipulation

Framsteg inom bioteknik och genetisk manipulation kommer sannolikt att förändra människans hälsa, livslängd och evolution. Vi sitter snart på makten att kunna förändra vår ras och dess framtid genom att modifiera riktningen och bygginstruktionerna. Genom teknologier som CRISPR kan vi redan idag redigera DNA, vilket kan möjliggöra behandling av genetiska sjukdomar, förbättra mänsklig hälsa och till och med förlänga livslängden, men även riskera att skapa förgreningar och olika versioner av begreppet människa. Makten och möjligheterna är alldeles för starka och konkurrensutsatta för att vi gemensamt skall välja att inte gå den här vägen.

Dessa tre nästa stora utvecklingarna för människan kommer sannolikt att ha stor betydelse för framtiden för oss människor. Artificiell intelligens och automation kommer att förändra hur vi arbetar och löser problem, rymdkolonisering kan öppna nya möjligheter för mänskligheten bortom Jorden. Bioteknik och genetisk manipulation kan förändra människans biologi och förutsättningar för överlevnad. Samtidigt måste vi navigera komplexa etiska och sociala frågor för att hantera dessa kraftfulla teknologier på ett ansvarsfullt sätt. Detta och mycket mer kommer att fylla nästa del av den här boken när vi nu ger oss in i nuet och morgondagen under rubriken "Människan".

DEL II:
MÄNNISKAN

Vi ser tillbaka på 1900-talet och vår kapacitet framträder lite extra tydligt. Vi är kapabla till obeskrivligt mörka handlingar och vi är kapabla till stora tekniska framsteg. Vi börjar med vår kapacitet till ondska. Själva ordet ondska är ett ord vi egentligen inte borde använda. Det är ett ord sprunget ur polarisering och som berättar att en annan gruppering har andra värderingar. Ondska är en omskrivning av egoism och en brist på empati. Vi människor är inte födda med värderingar och det är ingenting vi kan bygga i vår ensamhet. Värderingar är något som din omgivning skapar åt dig, vare sig du vill eller inte. Det är så vi fungerar och det är samma metod som skall göra att du passar in i din flock. Flock betyder överlevnad och det är av yttersta vikt att du anpassas socialt och lär dig att följa flockens behov. För att förstå dig själv och alla som dig, likt de varelser som vi faktiskt är, måste vi försöka förstå vad vi är kapabla till. Vi vill gärna tänka oss själva som en omtänksam organism som är fylld med kärlek och ödmjukhet men som när behovet kräver kan göra mycket för att exempelvis skydda vårt hem och vår familj. Ungefär så långt brukar insikten sträcka sig. Få vill inse att vi är kapabla till så mycket mer än så. Vi är även den som våldtar, den som plundrar, plågar, utrotar och förgör. Om vi hade vuxit upp på sent trettiotal i Berlin hade vi med största sannolikhet sympatiserat med nazisterna. Att vi hade tillhört en liten motståndsrörelse och kämpat för totalt andra värderingar är högst otroligt. Det är inte förenligt med överlevnad och trygghet. De var terroristerna i allas ögon och de riskerade familj och hem för en ideologi som de trodde på. Resten av flocken, din familj och dina vänner var nazister och där låg tryggheten. Där bor maximal överlevnad för dig och din familj.

Det finns en bok som står ut som en av de stora ögonöppnarna i ämnet. Den heter "Helt vanliga män" eller som engelsk originaltitel - *"Ordinary Men"*, (13). Den är skriven av Christopher Browning och berättar historien om den tyska reservpolisbataljonen 101 som blev förflyttade för att skapa ordning i Polen under andra världskriget. Reservpolisbataljon 101 bestod inte av tyska yrkessoldater utan av helt vanliga män som var för gamla för att kallas in till militärtjänst. De sorterades alltså inte under Wehrmacht och heller inte under Gestapo utan under den tyska ordningspolisen. De drevs av kärleken till ett gott polisarbete, ett starkt rättspatos och vanligt sunt förnuft. Grupptryck och flockmentalitet drev dessa familjefäder och vanliga män till nästan obeskrivliga dåd. Gradvis ändrades de polisiära uppgifterna till att bli något annat. De turades om att lasta av judiska fångar från lastbilar och skjuta dem i bakhuvudet ute på en frusen åker. Gravida kvinnor såväl som barn. De kräktes, turades om och fick ibland ta pauser för att orka, men de fortsatte. De ville inte svika sina kamrater och sin flock. De hade till och med möjligheten att säga nej men riskerade då att drabbas av den egna gruppens förakt och hån. Till slut blev det deras vardag. De fortsatte med detta trots att det egentligen var frivilligt. Så stark är vår längtan till att vara ett med vår omgivning. Insikten som är så nödvändig går ut på vetskapen om att detta är du och jag. Den svarar ett definitivt "NEJ" på frågan om du hade agerat annorlunda i en liknande situation.

Ibland handlar det inte endast om grupptryck. Vi är beroende av vår omgivning för att veta om vi är på rätt väg. Alla våra värderingar kommer från människorna omkring oss. Om alla dessa indikatorer i vår omgivning pekar på en sak eller i en riktning är det nästan omöjligt för oss att tycka något annat. Det kan låta harmlöst men effekten av just detta är allt annat är harmlöst. Timothy Snyder berättar om en av de hemskaste epokerna under nittonhundratalet i sin bok *"Bloodlands"* (14). Under åren 1933 – 1944 mördades 14 miljoner av politiskt motiverade beslut under Hitler och Stalin. Inte en enda av dessa 14 miljoner dog på slagfältet och det var människor som såg sig själva som goda och rättfärdigade som utförde allting. På 1970-talet publicerades Solzjenitsyns romaner och världen fick veta vad som egentligen hade pågått bakom järnridån i öst. Hela kontinenten, från Leningrad till Vladivostok var översållad av läger där 30 miljoner människor hade fängslats. De hade svultit ihjäl, frusit ihjäl och dött i de arbeten som de straffkommenderats till. Hela generationer hade levt under samma förhållanden som de tyska och polska judarna hade gjort, men detta fick världen aldrig redan på förrän 1970. Anne Applebaum försökte med sin bok *"Gulag: De sovjetiska lägrens historia"* (15), fortsätta det som Solzjenitsyn med fara för sitt eget liv hade smugglat ut från landet i öst. Hon vann Pulitzerpriset 2004 för den boken, men ibland undrar jag verkligen om läsarna tar till sig den boken på rätt sätt. De läser antagligen om ryska demoner som plågar den egna befolkningen, när de borde läsa om människor. Människor som du och jag och som under andra förhållanden hade varit fångvaktare och bödlar. Eftersom det var den korrekta vägen. Det var att ställa upp för sitt land och att kämpa för det goda. Skulle inte du ha kämpat för det goda? Problemet är att "det goda" är en värdering som skapas av din omgivning.

Vi är kapabla till allt det värsta och hemskaste du kan tänka dig. Vi vill sträva efter att vara änglar, men vi får inte glömma att vi även är kapabla till att vara monster. Inte "bli" monster utan "vara". Vi har den kapaciteten redan inom oss. Insikten slutar inte där. Vi behöver även förstå att vi människor behöver ha den kapaciteten till farliga illdåd för att sedan kunna vara goda. Vi behöver kunna vara så dödliga och farliga som möjligt, för att sedan alltid kunna välja att inte vara det och först då kan vi säga att vi gör goda gärningar. Först då kan vi äga en moralisk handling. Detta är och har under alla tider varit det yttersta motivet att bli soldat. Drömmen om att kunna återvända från ett krig där man gjort sig förtjänst av sin uniform. Respekten som kommer från att återvända med sitt svärd som nu sitter undanstoppat i sin skida. En tyglad farlighet och med erfarenheter i beredskap. Utan den farligheten och bevisade kapaciteten kan det tänkas uppkomma stunder där det saknas respekt, från oss själva och från andra. Vi och vår omgivning uppfattar oss som svaga. Utan relevans och ej i behov av hänsyn. Svaga människor är de farligaste eftersom de som enda alternativ endast har att på något sätt skaffa sig respekt. Ofta genom att vara farliga. På fel plats och vid fel tillfälle.

1900-talets mormor

Min mormor Sigrid föddes den 19:e mars år 1900 i en liten socken på norra Gotland. Jag fick uppleva hennes sista tjugo år innan hon dog 1993. Jag tänker ofta på allt som hon upplevde under sin livstid här. Hur mycket världen förändrades framför ögonen på henne. Hon föddes till ett liv av hårt slit, utan elektricitet och med hästar som lösning för både transport och arbetsredskap.

När Sigrid var fjorton år gammal startade första världskriget. Ett krig som på många sätt skulle ändra på världen för all framtid. Första världskriget satte mycket djupare spår i eftervärlden än vad andra världskriget faktiskt gjorde, även om det kanske inte verkar så. Vi pratar oftare om det andra kriget av olika anledningar. Många historiker som betraktar andra världskriget som enbart en förlängning av första världskriget och att mellanperioden borde ses som en längre vapenvila. Första världskriget höll på fram till 1918 då Sigrid fyllde 18 år och omkring 20 miljoner människor hade omkommit. Hela Europa ritades om och nya platser som Estland, Lettland, Litauen, Polen och Jugoslavien bildades. Det första världskriget banade även väg för Lenin och kommunismen och utan det hade världen sett helt annorlunda ut idag.

Samma år – 1918 – ungefär vid Sigrids födelsedag i mars spred sig även spanska sjukan. Den spreds i omgångar där den första vågen som sköljde över världen som en pandemi inte var farligare än av vanlig säsongsinfluensa. Den farligaste andra vågen kom i augusti och drabbade alla i åldersgruppen 20 – 40 år. Uppskattningsvis infekterades 500 miljoner människor och uppemot 100 miljoner dog av infektionen. Dödligheten närmade sig alltså 20 procent vilket kan jämföras med covid-19 som sades ha en dödlighet på 0,4 procent (16). Värt att betänka är även att detta kom under en tid då världens transportmöjligheter inte på något sätt liknar dagens möjligheter. Idag reser vi från en plats till en annan på jordklotet inom loppet av timmar och tar med oss virus dit vi reser. 1918 bjöd inte alla på samma möjligheter för viruset och ändå lyckades viruset utplåna 6 procent av världsbefolkningen. Hade spanska sjukan uppstått idag, med dagens transportmöjligheter, då hade covid-19 varit en svalkande vind i jämförelse.

Sigrid hade fyllt 29 år när världen med USA i spetsen gick in i den stora depressionen. Den finansiella motorn kraschade och ekonomiska kriser avlöste varandra. Sverige där Sigrid bodde drabbades men inte alls på samma nivå som många andra länder. För svenskarna var den här krisen relativt mild och faktum är att vi i Sverige kunde räddas av att många andra länder i Europa fortfarande led av krigets djupa sår och behövde stål för återuppbyggandet av städer, infrastruktur och fabriker. Sverige som stor stålproducent räddades på många sätt av kriget eftersom vi kunde leverera stål när de andra länderna hade krigat sönder sin stålproduktion. Även om Sverige klarade sig lindrigt undan var Sigrid och hennes familj tvungna att slita för maten. Ransoneringar och matkuponger, inga lediga dagar med undantag av möjligen juldagen.

I maj 1938 blir Sigrid förstfödde son Bernhard sjuk. Han var 15 år och hade fått en förkylning som vägrade släppa och han blev allt sämre. Till slut tar de häst och vagn de fem milen in till Visby lasarett. Sigrid och Arvid blir kvar på sjukhuset och väntar på att sjukvården skall lyckas hitta felet med deras son och någon bra medicin. Efter några timmar kommer en läkare ut i väntrummet och meddelar att Bernhard inte hade klarat av det som drabbat honom och att han nu hade somnat in för gott. Så var sjukvården på den tiden. Det fanns inte alltid svar och i många fall inga botemedel. Sigrid återhämtade sig aldrig helt från detta. Hon klädde sig för det mesta i svart livet ut och med en knuten näve i fickan ifrågasatte hon Gud varje dag och varför han hade tagit hennes son ifrån henne.

Hon gav dock aldrig upp Gud, utan blandade bara tacksamheten med ifrågasättandet. Livet ut.

Ett år senare, när hon fyllde 39 var det dags igen för nästa mörka tid. Andra världskriget utbryter och den långa vapenvilan var över. Freden i Versailles lyckades aldrig lösa de spänningarna som fanns mellan stormakterna och Tyskland som där hade belagts med något som kan liknas med ett nationellt näringsförbud blev en språngbräda för Hitler och Nazistregimen. De kunde få med sig folket som upplevde omvärldens förtryck och förbud och det var dags att slå sig fria från de andra stormakternas förtryck. Den ekonomiska krisen som aldrig verkade ta slut i Tyskland kunde kanske lösas genom att välja en ny hårdför och tydlig förbundskansler som ville återställa arbetskraft och finanser. Så lät det åtminstone när partiet kom till makten och nu agerade de genom att rulla in i Polen den 1:a september 1939.

När Sigrid fyllde 45 den 19:e mars 1945 hade de allierade precis passerat floden Rhen och hade återtagit i stort sett hela Europa. De allierade västmakterna var nu inne i Tyskland samtidigt som den röda armen gjorde sig redo för slutoffensiven mot Berlin. Två veckor senare begick Hitler självmord i en bunker och kort därefter, den 7:e maj 1945 blev det äntligen fred i Europa. Sex svåra och mörka år för Europa och ungefär 60 miljoner människor hade fått sätta livet till. Senare samma år fälldes två atombomber över Japan och världen skulle aldrig någonsin bli sig lik. Människans möjligheter och förmåga till total förintelse och destruktion hade kommit för att stanna.

Även om Sverige inte var direkt inblandade i kriget hade dessa år inneburit en förändrad vardag. Få kvällarna fick de inte ha tända ljus hemma för att flygplan inte skulle kunna få för sig att släppa bomber där. Så var informationen till Sigrid och alla som bodde på Gotland. Varje kväll under flera års tid i mörker och försiktiga enstaka stearinljus vid nödvändiga behov. Matransonering och misstänksamhet. Efter andra världskriget slut skulle krigets effekter fortsätta att påverka henne för resten av hennes liv. Hon vägrade exempelvis att slänga mjölk som hade blivit gammal och fått klumpar. "Den gör man sockerkaka på", kunde hon säga och satte in mjölkkartongen i kylen igen. Jag som var uppväxt under helt andra förhållanden försökte oftast ducka för hennes sockerkaka.

När hon fyllde 52 började Koreakriget där 5 miljoner människor dukade under. Överallt i nyheterna kunde hon vid 62 års ålder läsa om hur världen snart kanske skulle gå under eftersom det uppstått något som kallades "Kubakrisen" och där två supermakter hotade att förstöra varandra med kärnvapen. Strax därefter, vid 64 år ålder kom Vietnam-kriget med sina blodiga slag och napalmbombade brinnande barn som kablades ut över världen.

Jag tänker ibland på att jag kunde uppfatta Sigrid som lite hård och kantig när jag under åttiotalet försökte förklara för henne hur jobbig skolan var eller att jag kände någon besvikelse över att jag inte ägde någon viss pryl. Hennes "*Äsch, det där är väl inget att bry sig om*", var inte balsam för öronen just då, men nu i perspektivet över vad hon sett och upplevt i sitt liv, mycket mer förståeligt.

Sigrid dog den 29 april 1993. Hon hade levt i nästan ett helt århundrade och sett hur precis allt hade förändrats. Hur elektriciteten och oljan hade förändrat jordbruket. Hur krig och sjukdomar kan härja på hela planeten. Hur människan hade lyckats att inte bara erövra luftrummet utan även lyckats landa på månen. Hon hade sett ett flertal världspolitiker och artister avrättats på gatan och hur även droger kan göra samma jobb. Hon hade upplevt värdet i en ardennerhästs styrka på en åker och försökte nu förstå hennes barnbarns förklaring kring charmen med en sexcylindrig motor i en BMW 323i. Hon missade precis mobiltelefoner, datorer och internet men jag tror inte att det hade tillfört något för henne. Livet handlar på något sätt om att fylla våra dagar och fylla våra behov. Dagarna och behoven är knutna till vår tid och plats. Hon fyllde sina behov med människor och hjälpsamhet. Den värld hon lämnade var inte hennes längre. Så snabbt hade vi utvecklats under 1900-talet.

KAPITEL ELVA:
VÅRT NÄSTA ÅRHUNDRADE

1900-talet ligger bakom oss när vi nu riktar blicken mot det kommande århundradet. 2000-talet och de kommande hundra åren av utmaningar och möjligheter. Med tanke på den exponentiella kurvan kring utveckling som vi människor följer och kanske ännu mer strax med hjälp av den artificiella intelligensen, finns därför ett årtal som sätter stopp för alla prognoser. Det kallas den tekniska singulariteten och årtalet är 2045. Kvantdatorer, löftet om fusionsenergi, artificiell intelligens och syntetisk biologi gör att det inte finns förutsättningar för oss i dagsläget att på ett rimligt sätt kunna uttala oss om hur framtiden ser ut 2045. Det förra århundradet bjöd på ett flertal stora tekniska språng som gjorde det fullkomligt omöjligt för en människa på 1920-talet att kunna förutse vilka problem som vi skulle oroa oss för på tolvslaget 1999. För att kunna förstå Y2k-buggen kräver det så mycket grundläggande kunskap som helt enkelt inte fanns på 1920-talet. Internet var inte bara ett tekniskt framsteg som många andra. Det var ett paradigmskifte och dessa är i sig själva tekniska singulariteter. Vi kan redan nu förutse att både fusionsenergi och artificiell intelligens är paradigmskiften som gör det nästan omöjligt att kunna förutse teknik eftersom det baserar sig på sådant som utvecklas i kölvattnet av dessa stora tekniska framsteg.

Ta fusionsenergi som exempel. Visst låter det underbart att i dessa dagar, när energi är en dyr bristvara, få drömma om när energi plötsligt finns i överflöd. Vi människor är dock inte skapta för att inte trycka gasen i botten. Vi kommer inte köra något på halvfart om det går att trycka gasen i botten. Allt vi utvecklar efter fusionsenergin frikostiga erbjudande kommer också att kräva enorma mängder energi. Processorkraft och datorers kapacitet mångdubblas. Militära strategier ändras när "Railguns" eller magnetvapen tar över som de effektivaste vapnen på slagfältet. Magnetvapen eller rälskanon som det även kan kallas kan slunga iväg projektiler upp till 16 mil bort i sju gånger ljudhastigheten och använder bara elektricitet. Ingen farlig hantering av explosiva ämnen på slagfältet. Kostnaden för projektilerna sänks med fraktion av priset. Dessa vapen skulle helt och hållet ändra på hela den militära krigsföringen vilket gör att det inte längre går att förutse vilka krigsmakter som på kort tid skulle kunna växa sig stora eftersom det då bara skulle handla om energi. Även laser skulle få en annan roll i ett sådant scenario. Det används idag främst som ett marint försvar och i viss mån för att kunna slå ut drönare. I en värld där energi finns i överflöd skulle laser få en mycket större användning även för offensiva handlingar. Både magnetvapen och laservapen får nu stå tillbaka för det svåra kravet på energi. Det som idag inte kräver någon enorm storm mängd energi är digitala vapen och cyberkrigföring. Det är något som redan finns och troligen endast kommer öka i omfattning. Det är hårt knutna till vår digitala teknik, våra plattformar och vårt sätt att interagera med varandra och blir därför även dem svåra att förutse eftersom allt detta står inför stora förändringar under kommande århundradet.

Inte bara krig och slagfält kommer påverkas utan allt som har med vårt liv att göra. Med nya energikällor skulle få nya möjligheter att kunna skjuta ut farliga sopor ur atmosfären i riktning mot solen i form av dessa "solkastare" som klarar av att accelerera upp sopbehållare i en hastighet som överstiger "escape velocity" och tillåter dem att lämna Jordens gravitation. En teknik som idag kostar mer än det smakar. Den stora anläggningen LHC i CERN (Large Hadron Collider) är idag begränsad av energi och vilka nya upptäckter skulle vi ha råd att upptäcka om energi inte längre är en fråga? Tillgången till energi kan förändra vår värld på alla tänkbara sätt och på ett mycket fundamentalt sätt men oavsett hur och vad som händer är det vi människor som styr och bestämmer. På de punkterna skiljer sig artificiell intelligens vilket gör att den tekniska singulariteten blir ännu skarpare. Det blir totalt omöjligt att förutse århundradet när det kan handla om teknik som överstiger vår tankeförmåga och om utvecklingen styrs av målsättningar som inte är människornas.

KAPITEL TOLV:
MÄNNISKAN OCH A.I.

Något stort och revolutionerande som väntar runt hörnet för oss började egentligen 1968 med en enkel vadslagning. Den då 23-åriga skotska schackmästaren David Levy var på ett cocktail-party som anordnats av Donald Michie, grundaren till Edinburghs universitets avdelning för maskinintelligens. Bredvid Levy i soffan hamnade John McCarthy, amerikanen som redan 1955 har myntat uttrycket "Artificiell Intelligens". Han räknas idag som ett av de stora tidiga namnen inom Artificiella Intelligensens ursprung och arbetade bland annat tillsammans med Alan Turing som är ett annat stort namn.

De två började snacka och som en rolig grej så utmanade McCarthy Levy på en runda schack. Levy vann såklart det hyfsat snabbt och utan någon egentlig ansträngning. McCarthy fick då en tanke. Han sade att inom tio år så skulle datorer kunna slå alla mänskliga schackmästare. Levy skrattade åt påstående och avfärdade McCarthy. McCarthy föreslog då ett vad.

500£ (ungefär 100 000kr idag) på att en dator skulle kunna slå Levy innan 1979. Det var en hel årslön för Levy men han kände sig så säker på vadet så att han accepterade.

1978 kom och Levy befann sig i Toronto när han blev utmanad på en match mot en dator som sades kunna slå honom. I en serie om fem matcher så spelade de oavgjord i första. Levy vann sedan både andra och tredje matchen men datorn vann fjärde. Levy kammade hem segern även i den femte och sista matchen och klarade således även vadslagningen mot McCarthy. Levy fortsatte att vinna mot datorer på uppvisningsmatcher i 21 år. Det var inte förrän 1989 under en match arrangerad av British Computer Society i London som Levy till slut fick se sig själv besegrad av en dator som då kallades "Deep Thought". Detta nästan ett decennium innan IBM's superdator "Deep Blue", 1997 slog Garry Kasparov och blev en världsnyhet på en natt.

Nuförtiden ser vi inte Deep Blue som Artificiell intelligens. Det är en databas och en matematik-processor som möjliggjorde att den kunde utvärdera

117

200 000 drag i sekunden medan Gary kunde utvärdera 2. Det är ändå början till det vi idag kallas Artificiell Intelligens. Själva begreppet har utvecklats i takt med tekniken. Det vi kallade för Artificiell Intelligens i gårdagen har i morgondagen justerats baserat på både lösningen, tekniken och faktiskt, hur vi uppfattar själva begreppet intelligens. Förr i tiden räckte det med en databas och en bra kod med finurliga syntaxer. Nu kräver vi en viss mån av egen utveckling, lärande och förmåga till självständiga beslut.

Svag Artificiell Intelligens

Idag har vi kommit till en punkt där vi, åtminstone ännu, förstår hur den artificiella intelligensen arbetar och på vilket sätt den hjälper oss. Vi börjar lära oss hur vi finslipar det och förädlar den. Vi nosar på stora genombrott och vi kan se hur möjligheterna breder ut sig framför våra ögon och fantasier. Det är verkligen inte svårt. Boston Dynamics som tar fram stora hundliknande robotar med en hög intelligensnivå och som exempelvis kan utföra arbeten där det inte är hälsosamt för människor att vistas, exempelvis naturkatastrofer eller radioaktiva olyckor. Vi har bedrivit långtgående experiment med

"Predictive Policing" i länder som Irak, Kina, Storbritannien, Tyskland och USA. Predictive Policing är att jobba med artificiell intelligens och där lager av information tillsammans med algoritmer talar om vart brotten har störst chans just nu att begås. Informationslager kan vara väderlek, löneutbetalningar, tidigare dömda brottslingar som släppts eller fått permission, massavlyssnade telefonsamtal (Kina såklart) och analyserad aktivitet i övervakningskameror. Resultaten har inte uteblivit. Få en geografisk karta på en polisstation blir det färgmarkerade områden i olika delar av staden där brotten enligt algoritmerna kommer öka under morgondagen. Resurser kan flyttas och stärkas upp och det har redan visat sig enormt effektivt. Efter att ha producerat bevisade positiva resultat har dessa experiment blivit permanenta verktyg. Det är svårt att backa från något som faktiskt funkar. Kanske till och med omöjligt i en värld som till stor del styrs av ekonomiska mål.

Vi förstår hur tekniken funkar och på vilket sätt den artificiella intelligensen hjälper oss i ovanstående fall. Vi människor brister när vi skall arbeta med fler lager samtidigt och detta är något som den artificiella intelligensen klarar med sådan galans. Alldeles runt hörnet ligger nästa anhalt på resan. När vi inte riktigt förstår men ändå accepterar lösningen eftersom resultatet påvisar positiva lönsamma resultat. Det kommer alldeles strax en tid när vi människor inte räcker till för att förstå exakt hur den artificiella intelligensen når sitt mål, men vi tvingas att bara acceptera summan. Trots allt – det är en vanlig situation under hela människans historia. Vi förstår inte alltid varför några av oss drabbas av cancer men vi tvingas acceptera det faktum att några drabbas. Vi förstår inte egentligen varför du älskar en annan person, men resultatet är så pass åtråvärt att du väljer att inte gräva vidare i en förklaring som verkar ha med synapser och signalsubstanser att göra.

På exakt samma sätt kommer lösningarna för artificiell intelligens att en efter en bli svarta boxar för oss. Vi matar in något i den ena änden och ut kommer ett åtråvärt resultat. Vi varken kan eller vill veta vad som händer inne i den svarta lådan. En foderautomat för en hund har dessa förutsättningar och det har även en iPad i handen på ett mindre barn. Man trycker på knappen här och sedan går det att spela ett roligt spel. Om vi tänker efter – vi vuxna är kanske inte helt fria från svarta lådan-fenomenet heller. För en modern vuxen människa är inte allt glasklart hur vi kan mata en bärbar dator med 230 volt och ut strömmar musik från Spotify. Vi förstår på ett ungefär men inte exakt vad som måste finnas på kretskortet. Som tur är finns det ännu de som kan förklara varenda detalj här. Snart kan det vara en omöjlighet när den artificiella intelligensen omfattar mer av allt, från design till tillverkningsindustrin.

Jag har hållit åtskilliga föreläsningar om artificiell intelligens inför en stor mängd människor och tror jag uppfattas som väldigt positiv till den utvecklingen. Det är jag i grund och botten också. Jag är säker på att artificiell intelligens är en minst lika stor revolution som elektriciteten och jag tror vi kommer uppleva enorma framsteg tack vare den. Det finns sjukdomar vi kommer att kunna besegra och kanske är det till slut vårt enda hopp i en värld där klimatet blir vår fiende. Men - då har jag hållit mig till att prata om svag artificiell intelligens. Den enkelspåriga och den snäva. Den som endast bryr sig om en enda sak och gör det så fantastiskt bra. Inom medicinen, inom forskningen, i hushållsarbetet eller säkerhetsindustrin. Där ökar den vår kapacitet som människor. Vi når längre, djupare och högre. Jag har på ett smidigt sätt kunna sortera in frågorna och kunnat besvara dem med hjälp av allt det positiva som finns inom den svaga artificiella intelligensen.

Innan den artificiella intelligensen, från nittiotalet och fram till nu, har vi människor suttit i framsätet som piloter i den tekniska utvecklingen. Det har kanske inte alltid varit så bra. Lättillgängligheten och den skyddande bubblan som skapas för människor som exempelvis ger sig ut på sociala medier eller använder dejting-appar har både fördelar och nackdelar. Den blir lätt en snuttefilt och en tillflykt och på så sätt har vi även omedvetet skapat en stabil grund för något giftigt och osocialt. Speciellt bland yngre och som kanske extra utsatta har de yngre männen blivit bittra, ensamma och skyddade från verkliga interaktioner. Kanske mår vi som varelse bättre att sitta i baksätet och bjudas på färden än att i framsätet tvingas styra och ta beslut kring det digitala samspelet. Att inte ha möjligheten till att styra ut på anonyma digitala och ensamma platser. Kanske kan AI bygga världar som närmar sig verkligheten igen, med sociala spel, blickar, beteendemönster, ansvar och personlig utveckling som inkluderar andra människor? Där min verkliga identitet fortfarande är den enda, men att den kan projiceras digitalt? En sådan arena kommer vi beröra längre fram när vi tittar på konceptet Metaverse.

Om det finns något farligt eller skrämmande kring artificiell intelligens är det just nu och en stund framåt endast förknippat med hur vi människor väljer att utnyttja den. Det går att jämställa den med vapen. Du kan ägna dig åt harmlöst sportskytte eller bankrån, mord eller skyddsjakt. I dagsläget är det fortfarande vi människor som står för allt som kan bli skrämmande. Det finns bieffekter som kan uppstå av sig själv. Ett exempel är de språkmodeller som nyligen dykt upp och som verkligen utmanar oss på många sätt. De är så kompetenta att läroverk utmanas då lärare från nu och framåt aldrig kan vara riktigt säkra på om inlämningsuppgifterna kommer från eleverna eller exempelvis ChatGPT som en av språktjänsterna kallas idag.

Det är viktigt att förstå två saker om dessa språkmodeller. De är inte uppfinningar utan upptäckter och de är troligen vägen framåt mot stark artificiell intelligens. När vi med hjälp av stora teleskop utforskar vårt solsystem och hittar att Saturnus har 146 månar, varav 53 har blivit namngivna, kallar vi inte dem för uppfinningar. Vi uppfann teleskopet, men allt vi ser i teleskopet är upptäckter. Ungefär som gravitationen eller radioaktiva isotoper. Vi upptäcker något som för oss tidigare var okänt. När det kommer till språkmodeller som ChatGPT och liknande tjänster är de inte uppfinningar. Vår kontroll sträckte sig fram till den fysiska hårdvaran och förhållandevis lite kod som mer fungerar som ramverk. Hur språkmodellerna utvecklas, beter sig och agerar är inte längre en uppfinning utan helt och hållet en upptäckt. Det mesta som kommer vår väg från den artificiella intelligensen framöver kommer inte handla om uppfinningar. Vi har öppnat kaninhålet och nu väntar bara upptäckter och insikter.

Vid skrivandet av den här boken sägs språkmodeller ha en IQ på ungefär 150. För vad ett IQ-värde kan vara värt så kan det jämföras med en mycket kognitiv och slutsatseffektiv människa i nivå med Albert Einstein som sade ha ca 160 i IQ. Det är viktigt att poängtera att intelligens är så mycket mer än ett värde men ändå ger det en föraning om att vi har något kapabelt som växer inom den artificiella intelligensen. En tiodubbling av det värdet ligger antagligen inte långt bort och skulle göra att vi totalt förlorade insikten om den artificiella intelligensens sammansättning. I fallet med Albert Einstein skulle det vara jämförbart med en dialog där Albert försökte samarbeta och kommunicera med en myrstack eller ett träd som kanske skulle kunna sägas ha IQ omkring 16 för diskussionens skull. Så stora skillnader innebär en tiodubbling av intelligens. Redan nu finns det de som säger att vi närmar oss artificiell generell intelligens (Stark AI) i dessa språkmodeller och vi kan inte ens börja förstå hur mycket världen skulle förändras då. Mer om detta senare och åter till den svagare intelligensens utveckling.

125

Troligen blir böcker, film och musik något som skapas av artificiell intelligens inom en inte alltför avlägsen framtid. Det finns matematiska recept på vad vi människor gillar och vi människor kommer helt enkelt inte att kunna prestera bättre än artificiell intelligens när det gäller att skapa texter, manus, musikaliska bryggor eller filmsekvenser. Även inom det medicinska området kommer vi behöva flytta på oss för att göra plats för en artificiell intelligens vid operationsbordet som inte gör mänskliga misstag, som inte har en dålig dag och som kan jobba i stor hastighet under enorm förstoring. Operationer som därför dramatiskt minskar riskerna och vårdtiderna.

På frågan om artificiell intelligens kommer att göra oss arbetslösa går det inte att svara på det utan att skrämma upp någon. Självklart finns det yrken idag som inte går att motivera att människor fortsätter med. Samma effekt har funnit i alla tider som människor har kommit med uppfinningar. Det var inte länge sedan vi hade "kägelpojkar" vars uppgift var att ställa upp bowlingkäglorna igen efter varje kast på bowlingbanorna. Vi hade "lykttändare" som yrke innan elektriciteten lyste upp Gamla Stan. Växeltelefonister,

väckare, råttfångare, munskänk och flottare är bara
några av alla de yrken som lämnat för den tekniska
utvecklingen. Vi kommer självklart ha en mängd yrken
som knuffas undan av artificiell intelligens.
Sekreteraryrken, assistentyrken, kassabiträdesyrken,
lagerarbetare och ekonomiassistentyrken för att endast
nämna några få. Många av de snart hotade yrkena har
gemensamma nämnare som okvalificerade, ej kreativa
och fyllda av monotona moment som blir billigare och
mer korrekta med artificiell intelligens. Vi människor
kan i stället få andra nivåer på våra yrken. Vi kan i
stället välja att se artificiell intelligens som verktyg och
oss själva mer som arkitekter och skapare, snarare än
utförare.

Den första diskussionen vi bör ha här är att vi
människor faktiskt håller på att bli färre. Det kan låta
som att det inte stämmer och vi upplever snarare att vi
hotas av överbefolkning vilket inte stämmer. Jag har
ibland under föreläsningar och när jag haft en publik
framför mig bett de som har tre eller fler barn räcka
upp handen. De är alltid en minoritet i rummet. De
som räcker upp handen på frågan om de har två barn
är några fler och med två barn håller de åtminstone

befolkningsantalet på samma nivå. Jag ingår själv i den gruppen. De som varken ökar eller minskar befolkningen. De allra flesta räcker faktiskt upp handen när jag frågar om ett eller inget barn. De som minskar framtida generationernas antal. Japan var det första land som passerade gräsen för att tillverka fler vuxenblöjor än barnblöjor (17) och många länder står i kö på att passera den gränden. Sydkorea är det land som uppvisar de mest skrämmande och extrema siffrorna i nuläget. Av 100 sydkoreaner kommer det födas 4 barnbarn. Det är en utrotningskalkyl på hela 96% utslaget på hundra år. Kina har fullkomligt rasat i befolkningsmängd under de senaste åren och går mot utmanande tider i form av halvering av total befolkning under det kommande århundradet. Detta är mer än bekymmersamt när det handlar om vilka som faktiskt kommer jobba i alla fabrikerna om några år (18). Sett ur det perspektivet kan artificiell intelligens vara vårt enda hopp för att kunna bemanna viktiga tjänster som exempelvis sjukvårdsrådgivning, larmcentraler, arbetsplanering, patienttriagering och löneutbetalningar.

Svag Artificiell Intelligens är verktyg för oss människor och skapar nya möjligheter för oss om vi behandlar den som verktyg. Om vi kan lyfta oss till att vara arkitekter och designers i stället för utförare. Vi kan fortsätta jobba med exempelvis hantverk, men inte den som syr tråden, utan den som beställer motivet. Vi kommer bli ersatta som arbetskraft inom många områden men vi kommer också att skapa nya yrken.

I början av 1900-talet arbetade 41% av USA:s befolkning med jordbruk. Det fanns ett behov av det för att landet skulle kunna producera tillräckligt med mat. 100 år senare, år 2000, jobbade endast 2% med jordbruk. En traktor gör 100 människors jobb. Det betyder inte att de andra 98% är arbetslösa. De har i stället haft möjligheten att jobba med sådant som inte ens fanns på kartan i början av 1900-talet. Advokater, elektriker, datorprogrammerare, äktenskapsrådgivare och CNC-operatörer. Vi kan välja att se det som att artificiell intelligens inte bara tar bort jobb, den avlastar oss så att vi kan utvecklas och göra sådant som människor faktiskt är bra på. De yrken som försvinner inom vården – låt säga läkarsekreterare – kommer i stället förhoppningsvis att öppna upp för att vi människor, patienter och vårdpersonal, skall kunna få mer tid med och för varandra. Det uppstår andra sorters arbetsmöjligheter.

Det finns ytterligare en aspekt kring den artificiella intelligensen intåg i våra liv och det handlar om att värderingar kommer att förändras. Även om AI inte nödvändigtvis kommer att ersätta oss på arbetsmarknaden, så kommer den nästan garanterat att stöka om bland våra värderingar och vad vi värdesätter bland det vi människor kan lägga på bordet. Låt säga att jag skall skriva ett tal till min dotters studentfest. Förr i tiden var detta en process som uppskattades, inte bara för innehållet och budskapet, utan för den tid som investerats i att skriva ihop det. Nu kan detta istället göras med hjälp av AI och effekterna är större än att bara rensa bort tidsaspekten. Jag har inte längre tagit mig tid åt att skriva det. Utan den investerade mödan, är verkligen innehållet lika kul och inspirerande om vi vet att det är AI som skrivit det och inte jag, fadern till dottern som tar studenten? Hur kommer vi värdera våra färdigheter och bidrag om några år? Hur kommer vi värdera människornas handlingar, tjänster, produkter, tankar och bidrag imorgon när den artificiella intelligensen finns med som alternativa källor?

Kommer någon att läsa den här boken och känna värdet av att det är en människa som skrivit den, trots att den med all säkerhet skulle kunna vara mycket bättre skriven av en AI?

Jag har faktiskt försökt använda artificiell intelligens i korrekturprocessen av den här boken, där jag ville få hjälp med rättstavning, meningsbyggnad och formuleringar för ökad tydlighet men det gick inte att använda. Den ville rensa bort en subton som jag medvetet ville tillföra. Det som jag upplever är lite personligt och värdefullt i mina formuleringar rensas bort direkt och byts mot det formella. Borta är känslan att du läser någons tankar på ett papper och kvar finns en torr och tråkig språklig perfektion. Det där kommer antagligen bli bättre med tiden, men just nu är inte tekniken tillräckligt vass för att kunna vara "personlig". Just nu är fokus på att vara korrekt och även det misslyckas den stort med ibland.

Det bor några mörka tankar i mig när vi pratar om AI men egentligen inte så mycket så att jag skulle kalla mig som en motståndare. Jag tror någonstans ännu att nivån på den artificiella intelligensen är positiv. Just nu badar den i fördelar och hjälper så många människor på bästa sätt just nu. Pratar vi däremot om artificiell generell intelligens (AGI), även kallat stark artificiell intelligens, så skulle mina ord bli mycket mörkare. Jag skulle antagligen direkt uppfattas som en olyckskorp. Jag sorterar in mig bland stora röster som Stephen Hawkins, Elon Musk, Max Tegmark, m.fl. här. Artificiell generell intelligens är en av våra största utmaningar som människor och nej, personligen är jag inte helt säker på att vi klarar oss igenom det utan att utplåna oss själva. Vår blodiga historia som revirhävdande och begränsat kommunikativt utvecklade varelser kombinerat med den potentiella kraften i artificiell generell intelligens är inte en väg som innehåller blommor och fågelsång. Sett till de senaste 3400 åren har endast 268 år varit år av fred mellan människorna på planeten.

Återigen, jag gillar inte att klä mig i rollen som en domedagsprofet . Jag tycker det finns tillräckligt mycket sådana. Jag läser mycket hellre Steven Pinker eller Hans Rosling och försöker fokusera på det som faktiskt är bra. För det är mycket. Vi människor är tyvärr ändå så programmerade att oavsett hur mycket positiv information som passerar vårt medvetande så fångar vi upp och fokuserar på det som kan vara farligt. Det är en viktig överlevnadsstrategi för oss. Det finns ingen väg omkring att artificiell generell intelligens kan vara förödande farligt. Att påstå någonting annat vore att ljuga. Vi människor är farliga. Alla de hemska, tyranniska, fasansfulla och galna ting som har hänt på grund av människors handlingar är utfört och begånget av just människor och du och jag är två av dem. Människor med lika delar ljus som mörk kapacitet och den enda garantin som finns är att vi kommer fortsätta vara änglar och demoner. När vi gör så med hjälp av stark artificiell intelligens är det kanske inte möjligt att reparera och återvända. Vi kan lika gärna råka släppa ratten i demonläge och vi återvänder sedan aldrig till förarplatsen. Nu dyker vi väl in i begreppet stark artificiell intelligens och rotar lite i begrepp och resultat.

Stark Artificiell Intelligens

Utvecklingen av stark artificiell intelligens sker gradvis och modulärt. Det kommer nästan obemärkt och ökar sedan exponentiellt i utveckling. Den föds ur svag artificiell intelligens och behöver sedan bara kapacitet och beslutsmöjligheter för att kunna ändras från svag till stark. Samhället och vår vardag kommer aldrig att se någon tydlig linje här. Vi kommer att kort efter introduktionen av artificiell generell intelligens att stå inför en konstant ström av nya "svarta lådan"-lösningar runt omkring oss. Det märks inte så mycket för den stora massan, utan är en linje som snabbt möter fabrikatörerna och teknikerna som tidigare förstått sin hela sin produkt och nu endast har möjligheten att förstå utvalda komponenter.

Det mörka och farliga ligger primärt inte i att artificiell intelligens blir ondskefullt och vill utrota människorna utan i helt andra ting. Det finns absolut ett sådant scenario också i en möjlig men avlägsen och inte så trolig händelseutveckling. Ondskefullt är återigen bara ett annat ord för att man inte delar värderingar. Det större risken är att vi förgör oss själva med hjälp av artificiell intelligens på helt andra sätt. Det är främst på två sätt som jag kan se en skrämmande utveckling på artificiell intelligens.

Det första sättet är att vi sätter alldeles för mycket tilltro till den artificiella intelligensen. Vi litar på i ökande takt på uträkningarna och beslutet och vi hinner inte bromsa om det skulle vara fel. Vi drillas i att vi måste lita på den eftersom vi i ökande takt inte längre har möjligheten att ifrågasätta beslutsunderlaget på grund av komplexiteten. Vi går från den svaga artificiella intelligensens roll som beslutsstöd och rådgivande till att i takt med styrkan och kapaciteten även ge beslutande rättigheter i tidskritiska moment.

Problemet här ligger ofta i att våra mål inte är exakt samma som den artificiella generella intelligensens mål. I svag artificiell intelligens är det alltid vi som sätter målen. I artificiell generell intelligens är det viktigt att målen sätts av den artificiella intelligensen. Det är inte bara viktigt, det är faktiskt avgörande. Det är så man trimmar bort den mänskliga begränsningen och låter tekniken hitta nya bättre och snabbare lösningar som vi människor aldrig skulle ha kunnat räknat ut. Målen kan till en början tyckas vara samma, men det kan saknas fundamentala värderingar som upptäcks för sent.

Ett flygplan assisterat av artificiell generell intelligens kan ha samma mål som piloten att minska åtgången av flygbränsle genom att placera sig optimalt i gynnsamma luftströmmar, men totalt andra värderingar när det gäller att inte kollidera med en bergstopp som plötsligt dyker upp. En kollision med bergstoppen blir plötsligt en ny lösning som skulle reducera långsiktig bränsleåtgång till 0% och eftersom det bedöms vara bästa alternativet till att spara bränsle kalkyleras rutten om. Visst, kanske är ett fånigt exempel, men på samma sätt ett mycket tydligt sådant. Ett exempel som belyser människan och teknikens olika värderingar även om målet såg ut att vara samma.

Den andra farligheten är att vi själva missbrukar den för egen vinning. Tänk på en president eller statschef i världen. Välj vilket land du vill. Tänk dig nu att den personen får möjligheten att styra över en artificiell intelligens som har global räckvidd. En artificiell intelligens som kan kontrollera det mesta som är digitalt och som kan bestämma vad som är rätt och fel med utgångspunkt i den ledarens värderingar. All oro kring den generella artificiella intelligensen härstammar från problematiken att det inte finns någon enad konsensus kring utvecklingen av artificiell intelligens. Det är upp till varje forskarteam, varje företag, varje land och varje president att bygga och använda artificiell intelligens som de själva väljer. När det handlar om algoritmer som gör att bilar kraschar är det ekonomiska förluster och individuella tragedier som utspelas. När det handlar om autonoma vapensystem eller A.I.-assisterade verktyg med beslutsmandat på regeringsnivå – då blir det jämförbart med massförstörelse om resultatet inte ligger i mänsklighetens eget intresse.

Det sistnämnda är ett scenario som antagligen inte går att förhindra. All stor utveckling i världen kommer från militärindustrin. Den är först fram med teknologierna och den är flitigast på att använda den till alla tänkbara fördelar på slagfältet och för att bygga ett övertag i en upprustning. Mobiltelefonen du har i fickan är egentligen en historisk uppvisning i militära teknologiska framsteg.

Den digitala kameran i din mobiltelefon är en lösning på hur spionsatelliter skulle kunna skicka sina bilder på ett smidigare sätt. Till en början släpptes en fysisk filmrulle ner till marken för att sedan hittas och plockas upp av egna trupper. Varje inhämtning blev en militär operation som beroende på plats kunde riskera manskap eller ställa till med politiska konsekvenser. Då skapades en digital kamera som kunde skicka bilderna trådlöst till en markstation i stället.

Din mobiltelefon bjuder på globalt positioneringssystem även kallat GPS. Det utvecklades av den amerikanska militären för att under Gulfkriget under 90-talet kunna hålla reda på både sina marktruppers position på marken och sina utpekade mål i Irak. För att skydda tekniken och hålla den militära användningen i ledningen hade den från början ett störningsfilter. Det gick inte att vara exakt med GPS i den privata marknaden och endast den militära sidan kunde få exakta positioner ner till 1 − 2 m exakthet. Detta filter stängdes emellertid av och för bilister och fritidsseglare i vår del av världen blev GPS-positionerna plötsligt mycket mer exakta.

Att överhuvudtaget kunna ringa med en mobil är en teknik som såg dagens ljus första gången under andra världskriget. Då körde militärjeepar omkring med radiosändare som fick sin ström av stora batteriuppsättningar. Efter 1945 var det befogat att ställa sig frågan om denna mobila radioteknik kunde ges en fredlig uppgift och det var upptakten till mobil telefoni. För de som har några år på nacken finns det minnen av något som kallades yuppienallar och stora som tegelstenar blev de snabb en statussymbol. Det fanns till och med s.k. låtsas-antenner som du kunde montera på biltaket i slutet av 80-talet för att det skulle se ut som att du hade råd att ha en mobiltelefon monterad i din Opel Ascona B med weberförgasare.

Listan över militär teknologi i din telefon kan göras nästan hur lång som helst. En modern telefon använder exempelvis IP-nummer, HTML, Internet, litiumbatterier, taligenkänning och skärmar med multi-touch. Allt var en gång framtaget endast för militärt bruk. Det finns ingenting som ger några som helst argument för att artificiell intelligens inte skulle gå samma väg. Att det är det militära som är både ekonomin och drivkraften och att resultatet först och främst kommer att baseras på det militära bruket. Om det inte skrämmer dig har du kanske inte förstått exakt vad vi människor är kapabla till och sedan inte lyckats addera den artificiella intelligensens potential att göra en dålig idé till en katastrof av sällan skådad omfattning.

Att artificiell intelligens både utvecklas, drivs och utnyttjas för militärt bruk är idag ingen hemlighet. Att den militära industrin kommer vara först ut med alla steg mot stark artificiell intelligens. är ingen högoddsare. Frågan är snarare vilken världsledare som kommer först. Just nu ser det ut som 50% till Kina och 30% till USA, 10% Storbritannien och resten av världen delar på resterande 10%. Dessa siffror representerar i grova drag andelen investeringar som just nu görs i forskning kring artificiell intelligens, inkluderat studier på högskola och universitet världen över. För oss i Norden är det Finland som definitivt tagit taktpinnen vidare. De har insett att deras BNP kommer påverkas negativt om de inte nu satsar mängder på att vara med på tåget som nu lämnar stationen. Sverige är inte med på det tåget skulle jag vilja påstå. Det finns svenska privata bolag som just nu satsar på att vara med i jakten på denna nya revolution, men kommuner, regioner, vår regering och vår utbildningsverksamhet sitter ännu hyfsat stilla i båten. Det kommer såklart att förändras då ingen kan sitta stilla i båten kring artificiell intelligens. De som satt stilla i början avsäger sig rollen som kravställare och utvecklare och får snällt finna sig i att vara passagerare.

Betyder det att vi inte kommer ha artificiell intelligens i våra liv här i Sverige om ett tag? Absolut inte, alla delar av vår vardag kommer att byggas upp kring artificiell intelligens. Men den kommer ägas av aktörer som inte kontrolleras av oss. Vi kommer inte kunna äga våra egna system och vi kommer inte kunna påverka mycket, inklusive säkerhet och integritet. Redan idag är vår vardag till stor del algoritmer och artificiell intelligens men du tänker kanske inte på det När du loggar in på sociala medier är det helt och hållet kontrollerat och övervakat av artificiell intelligens. Flödet du ser, beteendet du har och administrationen av ditt eget dopamin i ditt eget blod är noga kontrollerat och planerat i exempelvis Facebooks algoritmer. När du använder ditt kreditkort för att betala, när du letar efter en charter-resa på nätet eller söker efter en låt på Spotify. Alla dessa handlingar har resultat och information som direkt är kopplat till artificiell intelligens.

Det stora filtret

Att artificiell intelligens, framför allt den starka varianten med egen beslutskraft och egna mål kan vara farligt är nog alla överens om. Det är även kärnvapen men skillnaden är större än att det kan läggas i samma låda. Kärnvapens största bidrag till världen är hotet om användandet och inte själva användandet. Stark artificiell intelligens har ingen funktion som hot. Det har kommit för att användas och det är felaktigheterna som skapar oro. Enligt vissa en tillräckligt stor oro för att vi skall kunna lägga det till listan över stora händelser som kan påverka vår egen existens.

Det talas om ett filter som ingår i en känd paradox som kallas Fermi-paradoxen. Att stark artificiell intelligens definitivt är en del av det filtret skulle jag säga är högst troligt. För er som inte känner till Fermi-paradoxen kommer här en liten utvikande förklaring. Vi börjar med Drake-ekvationen:

$$N = R * f_p * n_e * f_l * f_i * f_c * f_L$$

En förklaring till formeln följer här:

N = Antalet civilisationer i Vintergatan som vi kan mottaga elektromagnetisk strålning i radioområdet ifrån.

R = Hur ofta lämpliga stjärnor bildas.

f_p = Den del av stjärnorna som har planeter.

n_e = Antalet "Jordar" per planetsystem.

f_l = Den del av de jordliknande planeterna där liv utvecklas.

f_i = Den del av planeterna med liv som intelligens utvecklas.

f_c = Den del av planeterna där teknologi utvecklas.

f_L = Livstiden hos kommunicerande civilisationer.

Ekvationen är skapad av radio-astronomen Frank Drake och används för att uppskatta antal civilisationer i Vintergatan. Den berättar för oss att om en civilisation existerar i endast 100 år så bör det finnas över 2 andra civilisationer likt oss i vår egen galax som vi borde kunna kommunicera med just nu.

Lever en civilisation däremot i 10 000 år så borde det rimligen finnas 250 andra civilisationer för oss att ta kontakt med. Räknar vi med att en civilisation likt det vi drömmer om, sprider sig i vintergatan och klarar att existera i en miljon år, ja då borde det finnas 25000 olika civilisationer att kommunicera med.

Ändå – hur många andra civilisationer har vi hittat? Noll. Varför då? Vad beror det på att vi verkar vara så ensamma? Inga radiosignaler, inga verifierade besök av någon annan civilisation. Vad beror detta på när matematiken talar om för oss att det borde finnas? Här kommer Fermi-paradoxen in i bilden och erbjuder troliga förklaringar.

Fermi-paradoxen är inte riktigt så enkel som Drakes vackra matematik utan har under åren vuxit sig lite mer komplicerad i jakten på förklaringar. I grunden handlar den ändå om en bunt förklaringar till varför vi inte har lyckats, eller kommer lyckas få kontakt med andra civilisationer. Några av förklaringarna kan se ut i stil med "Civilisationer ligger för långt bort för att radiosignaler skulle vara ett bra medium" eller "De flesta kanske har en molntäckt himmel och därmed inte förstått att det finns ett universum utanför". "Att vi på Jorden befinner oss längst fram i utvecklingen i hela vintergatans galax" eller så enkelt som att "Vi faktiskt är helt ensamma' trots de svindlande låga oddsen för det. En tydlig del och stundtals skrämmande sådan är att varje civilisation har filter. Svårigheter som de måste möta för att kunna utvecklas och i Fermi-paradoxen kallas de alla för "Det Stora Filtret". Tanken på att alla civilisationer möter ett eller flera stora filter som slår ut den största andelen civilisationer finns här. Asteroidkrockar, naturkatastrofer, epidemier, kärnvapen eller att civilisationer på något sätt är dömda att utplåna sig själva.

Universum 25

När jag tänker på filter drar jag mig till minnes ett skrämmande forskningsprojekt som jag läste om. Det pågick under åren 1968 till 1973 och handlade om möss. Det är viktigt att komma ihåg att det handlar om möss och inte människor eftersom eventuella paralleller mellan människor och möss spelar roll i tanken för den som tar del av den studien. "*Universum 25*" (19), som var ett av de mer skräckinjagande

145

experimenten inom vetenskapens historia, där man genom en koloni av möss försökte förklara människors samhällen. Idén till "*Universum 25*" kom från en amerikansk vetenskapsman vid namn John Calhoun som skapade den "ideala världen". Mer korrekt var det "mössens paradis".

I detta paradis hade de mat, vatten och utrymme. Det som hände var att de under den första tiden förökade sig i rask takt. Efter 315 dagar började förökningen minska drastiskt. De hade då uppnått en mängd av 600 möss och det hade uppstått en hierarki. Vissa möss stod över de andra mössen och John Calhoun kallade dem alfa-möss och beta-möss. De större mössen började attackera individer i grupperna, vilket ledde till att många hanar började att psykologiskt "brytas ner".

Ett resultat av detta var att honorna inte längre var tvungna att skydda sig eftersom hanarna fokuserade på varandra och honorna blev i stället aggressiva mot deras egna ungar och upphörde med att ta hand om dem. Efterhand som tiden gick visade honorna ett mer och mer aggressivt beteende, isolation

och en ovilja att reproducera. Det var ett lågt
födelseantal och samtidigt en ökad infantil morbiditet.
Det blev vanligt att nyfödda möss dog. Sen kom en ny
klass av hanar, de så kallade "vackra hanarna". De var
de nya han-möss som föddes under pågående kaos och
kunde inte forma normala sociala nätverk och
kopplingar eller förstå hur strukturer som uppvaktning
och parning fungerade. Johan Calhoun döpte dem till
de "vackra hanarna" eftersom de vägrade att
reproducera och slåss för sitt revir. Allt de brydde sig
om var mat och sömn. Efter en tid så blev
dessa "vackra hanar" och isolerade honor en majoritet
av populationen.

När tiden gick föll barnadödligheten mot 100%
och reproduktionen mot noll. Hos alla överlevande
möss existerade både homosexualitet och
kannibalism, trots att mat och biologiskt reproduktiva
partners fortfarande fanns i överflöd. Två år efter att
experimentet startade föddes den sista musen. 1973
var alla möss i kolonin döda. John Calhoun repeterade
experimentet sammanlagt 25 gånger, först med möss
och senare med brunråttor. Alla gånger med exakt
samma resultat.

Åter igen, vi är människor och inte möss men kanske kan det ändå vara värt en tanke. Biologin har i liknande experiment gång på gång bevisat att alla däggdjur slutar föröka sig när livsbetingelserna är i det närmaste obegränsade. Om du tittar på absoluta fertilitetstal (barn/kvinna) i världen är de långt lägre än vad folk inbillar sig. Den magiska gränsen för att upprätthålla en intakt befolkning är 2.1 barn/kvinna. Det är delar av Afrika samt några krigsdrabbade länder i Asien som ligger över 2.5 barn/kvinna idag. Indien sjönk under 2,1 år 2019, och har alltså påbörjat resan mot en allt äldre befolkning som inte växer på grund av barnafödande. Två viktiga faktorer är kvinnors utbildningsnivå och det materiella välståndet. Bangladesh låg på 2.45 för några år sedan. Inget europeiskt land lyckas pressa sig upp över 2, och då är Sverige, Irland och Frankrike bland de mest fertila länderna. Även Iran, Turkiet och Kina har passerat punkten för demografisk reproduktion och har åldrande/krympande befolkningar.

Det tydligaste filtret som finns för vår civilisation är detta - den krympande befolkningen. Till listan av övriga tydliga filter behöver vi addera artificiell intelligens. Här bedöms ibland artificiell intelligens faktiskt vara farligare än kärnvapen för oss människor eftersom vi lockas till att leva i symbios med den, till skillnad från en interkontinental kärnvapenmissil. Det uppstår sällan några mysiga och roliga stunder där.

Även om nu Stark artificiell intelligens skulle vara ett av våra stora filter för vår civilisation så finns det hopp. Det finns krafter som verkar för att vi inte skall bli omsprungna eller rent av rammade av den artificiella rasen vi skapade. Vi kan kalla den för Människa 2.0

Människa 2.0 - Cyborg

Ända sedan schackvärden fick se Kasparov slagen av Deep Blue så har den världen fortsatt att utvecklas. Först genom dator mot dator, med schackdatorutvecklare såsom exempelvis Komodo och Stockfish. Sedan kom AlphaZero från Google och slog bort motståndet genom att ta bort den mänskliga faktorn/påverkan ur systemet. När man tog bort den mänskliga faktorn så blev AlphaZero ännu effektivare. Nu har man framgångsrikt börja lägga tillbaka den mänskliga faktorn igen och det kallas Cyborg Intelligence. Skillnaden är att man nu lagt tillbaka människan på rätt ställe. Där den tillför en oslagbar effektivitet.

Konceptet är döpt efter en cybernetisk organism, ett samspel mellan något organiskt och något mekaniskt. I en schackmatch så möts återigen människor mot varandra. En dator är ingen match för mänsklig hjärna i en match där människa tävlar mot maskin. Detta stämde åtminstone fram till när AlphaZero slog stormästaren i det japanska spelet Go. Nu finns nya oslagbara kombinationer och det är genom att människor i ett team tillsammans med en dator blir oslagbara. Människorna i en cybermatch låter datorn göra sina kalkyleringar men spelar sedan utefter sina egna mål och förståelse. Det har visat sig bli ännu effektivare än en dator. Datorn står för kalkyleringarna och människan bidrar med heuristiskt tänkande. Amatörer tillsammans med en schackdator kan slå allt. Var för sig har de strax över 1% chans att vinna mot en Grand Master (dator eller människa) men tillsammans vinner de varje gång. Precis så effektivt har det visat sig vara.

Hemligheten bakom styrkan i cyberlösningarna är just heuristiskt tänkande. Människan har denna förmåga för att kunna ta snabba beslut utan att behöva utvärdera långa och komplexa händelseförlopp av konsekvenser. Det är en portion intuition blandat med en förmåga att kunna se övergripande perspektiv, inriktningsbeslut, strävan åt en specificerad riktning, lågupplöst, grovkornigt. Heuristiskt tänkande har även värde inbyggt i sina snabba kalkyleringar och beslut. Ont/gott, bättre/sämre, ljusare/mörkare, tryggare/osäkrare.

Heuristiskt tänkande har varit en stor framgångsfaktor i vår arts överlevnad och även om den ibland gör fatala misstag så lirar den bra med vår evolutionsprocess. Faktum är att den har finslipats genom just evolutionen och har flera hundratusen år av utvecklingstid bakom sig. Än så länge är det vår kapacitet till heuristiskt tänkande i kombination med datorns utfallsanalys som gör oss oslagbara. Att människa och dator tillsammans utgör det starkaste verktyget i lådan har inte gått många stora teknologileverantörer förbi. Tekniken kallas ofta för "augmented intelligence", eller "Human-in-the-loop" och det sker mycket forskning och utveckling här. Elon Musk och Neuralink skapar just nu ett "ultra-fine mesh" framtaget av nanoteknologiexperter. En hjärnuppgradering om du så vill. Det kommunicerar sömlöst med hjärnan och försök pågick länge med möss, men har nu även opererats in hos människor. De första testpersonerna med inplanterat Neuralink finns och här görs stora tekniska framgångar.

Framför allt har de lyckats snabba upp kommunikationsbandbredden. För att förstå detta måste vi först landa i vad vår naturliga bandbredd som människor är. Vi kanske hamnar på någonstans omkring 3 – 4 OPS (Ord Per Sekund). Inom Neuralink är det en av de första fördelarna. Kommunikationen begränsas inte längre av processen där du måste försöka bygga om en tanke till några få ord, förmedla dem audiellt, eller med knapptryckningar på en skärm, och sedan hoppas på att mottagaren kan packa upp den till något som liknar den ursprungliga tanken. Här skickar vi meddelanden direkt från hjärnan i hastigheter som kommer att vara 10 000 gånger snabbare eller till och med 100 000 gånger snabbare. Hjärnan stödjer nämligen snabbare kommunikation men orden eller fingrar på tangentbord är vad som håller oss tillbaka.

Eftersom vi är så vana vid att vara beroende av att konvertera allting vi tänker till ord är det förmodligen en begränsning i själva tankeprocessen också. Vänjer vi oss vid att vi inte längre är beroende av konverteringen ligger oddsen på att vi även markant kommer att öka vår tankeförmåga och hastigheten i våra tankar. Frågan är bara hur mycket.

Enligt Elon är detta vår chans att göra den artificiella intelligens-revolutionen mindre omvälvande och behåller oss människor i ekosystemet som en viktig del. Människor med denna uppgradering blir fortsättningsvis en maktfaktor och den som i praktiken styr och måste styra. A.I.-system kommer att kommunicera i hastigheter som räknas i terabyte per sekund och om de tvingas vänta på någon som bara kan kommunicera i en halv bit per sekund och med hjälp av ord eller fingrar kommer vi snabbt bli en väldigt svag länk i kedjan. Samma blir det för människor som är "uppgraderade" i sina interaktioner med människor som inte är uppgraderade. Det samtalet kommer bara bjuda på frustration och upplevelsen att man försöker prata med en planta.

Kommer vi att använda Elon Musks Neuralink när den finns tillgänglig? Bajsar björnar i skogen? Vill du kunna använda alla digitala medier med tanken, och få hjälp med att utvärdera dina riktigt svåra beslut? Vill du kunna ta in och bearbeta information många gånger snabbare än i dagsläget? De besluten som kräver att du analyserar flera lager för att hitta rätt beslut? Vill du ha fakta, minnes-stöd, visuella grafer och hjälpmedel lika tillgängligt som namnen på dina barn när du behöver det? Om du äger en mobiltelefon idag och integrerat den i dina vardagliga sysslor kommer du troligen att vilja utrusta dig med ett "brain-mesh" för att nå din egen potential samt kunna hänga med i din omgivning. Att välja att stanna kvar i Människa 1.0 kommer bli en avig protest och något unikt. Som att välja att flytta ut på landet med vedspis och utan internet i dagens värld. Fullt möjligt, men absolut inte något för alla. De allra flesta vill vara en del av en flock.

Vart i tiden är vi nu? Vågar jag mig på en gissning? Jadå, det gör jag. Jag tror att de första versionerna av en fungerande digitaliserad hjärnuppgradering för "vanliga" människor kommer finnas omkring 2030. Små enkla sådana versioner finns redan idag, men vi har mycket kvar att lösa. I dagsläget förs utvecklingen mot synskadade och patienter med skadad rygg. Genom neuralink-implantat kan de ges möjligheter till både syn och rörelse igen. Jag ger prototypen tio år till innan den dyker upp som en del av ditt flöde och sedan ytterligare 5 år till den börjar bli ett faktum på den större marknaden och en del av din vardag. Då inte i former av medicinsk utrustning till någon handikappad utan som förbättringar till en redan frisk och fungerande hjärna. En hjärna som bara behöver uppgraderas från 1.0 (naturlig form) till 2.0 (förstärkt form). 2035 håller du inte en mobiltelefon i handen längre förutsatt att du har ekonomin såklart. Alla dessa tekniska lösningar är inte på något sätt globalt inkluderande. Världen är med teknikens värld på väg att bli lite mer segregerad. Ännu en oundviklig effekt och något vi aldrig kommer ifrån under tider av utveckling och välfärd. Tyvärr verkar det som endast de mörka tiderna hos människorna har en enande effekt. Krig och sjukdomar får oss människor att samla ihop oss och känna systerskap och broderskap som kan sträcka sig över landsgränser. I välgång och ljusare tider är segregation den svarta pricken i Yang-symbolen.

Människa 3.0 - Transhumanism

När vi kommer så långt - när vi lagt tekniken en nano-distans från aktiviteten i vår hjärna, då är det inte svårt att tänka nästa steg. Människa version 3. Då tar vi hjärnan till tekniken i stället och med det så förändrar vi hela världen på det mest radikala sättet hittills. Då kanske vi kan rädda vår planet och vår egen överlevnad och kanske är det enda chansen som finns kvar. Vi måste bara acceptera några små moraliska och sentimentala detaljer först. Detaljer som till exempel behovet av vår biologiska kropp. Jag pratar om att flytta vårt biologiska och kemiska medvetande till den digitala världen. Som befolkning och art blir vi allt sämre på att kunna hantera vår kropp i dagens samhälle. Det finns alldeles för många fallgropar för den biologiska hälsan där endast de mest medvetna och envisa kan lyckas. För 100 år sedan åt den västerländska människan 500 gram socker per år. På etthundra år har den siffran ökat till någonstans mellan 50 och 100 gram socker per dag. Detta i kombination med att näringsvärdet i det vi odlar och att vår genetik inte har kunnat anpassat sig på en generation gör att vi nu ser diabetes som den största folksjukdomen. Kunde vi slippa vara personligt ansvarig för vår biologiska energitillförsel i en värld som verkar vilja fälla krokben för hälsan skulle det vara en stor fördel.

Försök med att kartlägga hjärnan pågår redan idag. Just nu på möss, där vi stryker dem över morrhåren och kan nu kartlägga de första 20 millisekunderna. Det låter lite men är inget annat än enorma framsteg mot att kunna kartlägga hjärnfunktioner i binär form. Vi kan där se att reaktionen av en beröring ibland pågår i flera minuter och millisekunder känns fjuttigt. Det är ändå första steget och nu handlar det bara om tid innan vi kan kartlägga allt. Det blir ganska snabbt lika utmanande som att försöka följa en droppe vatten i ett stort vattenfall. Men vi kommer att komma dit och när vi gör det förändras världen. Vi kan då förutse reaktioner, känslor och tankar, och indirekt då även minnen. Stanna kvar lite vid den tanken. Det är ett direkt resultat av att vi lär oss att förutse känslor och reaktioner. Hur ändras allt när vi får förmågan att skapa minnen?

Om vi förstår så mycket att vi kan simulera händelser och således skapa de spår som uppstår när minnen skapas, då kan vi även skapa allt som har med vårt medvetande att göra. Minnen, känslor, erfarenheter, tankemönster, vanor, värderingar och personlighet. På samma sätt som våra klockor, sökmotorer och mobiltelefoner med gps:er kartlägger våra liv och vanor idag så kommer dessa brain-mesh (hjärnuppgraderingarna) redan från första dag att påbörja kartläggningen av våra tankar, känslor och vår hjärnaktivitet. Jag skulle bli förvånade om det ens tog ytterligare tio år, 2045, innan vi kan påbörja resan mot det digitala medvetandet. Jag tror det händer innan.

Det är inte svårt att hamna i tanken att våra känslor skulle vara något extra svårt att tolka eller framställa artificiellt men troligen är det kanske det enklaste. Känslor styrs i dag av stora delar av våra signalsubstanser och det finns inte så många att välja på. Du kanske tror att exempelvis oro är en känsla? Fel. Vi människor har bara fyra grundläggande känslor och varken kärlek, trygghet, oro eller ångest ingår där. De grundläggande och enda känslorna vi kan uppleva är glad, ledsen, arg och rädd. Dessa fyra utgör hela vårt känsloregister och de är i allra högsta grad påverkade och styrda av våra signalsubstanser. Alla andra möjliga alternativ som du skulle kunna tro vore en känsla är bara volymknappar till någon av dessa fyra. Oro är en volymknapp till rädsla. Kärlek är en volymknapp till glad. Fyra grundläggande känslor och såklart sedan dessa tillhörande volymknappar som kan få oss och tro att vi är kapabla till hundratals olika känslor. För en maskin att förstå eller generera en känsla är steget egentligen inte så långt. Vi är inte så komplexa i grunden, även om nyanserna (volymen) ibland har stor betydelse.

Evigt liv i paradiset?

Härifrån är steget inte långt till evigt liv, i en värld utan miljöproblem. Livet i en digital värld. För att överhuvudtaget kunna komma dit måste vi inte bara förstå det tekniska, de elektromagnetiska impulserna, de kemikaliska effekterna av hormonerna utan även människans värdesystem. Det är kanske det svårare utmaningen eftersom vi måste även acceptera det som vi inte alltid vill inse. En sådan insikt som vi vägrar acceptera är att vi människor kräver elände, motgångar och sorg. Det är för oss absolut livsnödvändigt.

Vi människor behöver lidande, mörker, elakheter, ondska och döden. I klarar oss inte utan detta. Dessa ting ger oss värde. Ja allt pekar på det. Honungen smakar ljuvligt med hjälp av vetskapen att du en gång kommer dö. Vi behöver genomgå lidande för att kunna uppskatta ett leende eller solnedgång i tystnad. Vi behöver kämpa och dra vår egen och ibland även andras vikt för att känna oss betydelsefulla.

Vilka världar som vi än skapar åt oss själva digitalt måste de innehålla proportionerligt mycket elände för att vi skall kunna njuta av det som är bra. Annars? Ja annars tappar vi livslusten. Annars blir det ett fängelse. I otaliga psykologiska experiment genom tiderna har vi gång på gång bevisat att vi människor inte klarar av ett paradis. Det slutar alltid med galenskap eller självmord. Om vi placeras i en miljö där allt är vitt, lyxmat på bordet, ljuv musik, fin utsikt, väldoftande vackra blommor som flyger över den rosafärgade himlen - ja då kommer vi garanterat att få ett nytt mål. En uppgift att ställa till det för oss själva. Då blir vi destruktiva mot oss själva och mot vår omgivning och vi blir djupt olyckliga. Testa bara att befinna dig i ett rum där allting är upplyst. Varenda centimeter av allting i rummet. Det skapar galenskap på kortare tid än du tror. Balans är för psyket vad syre är för kroppen.

Är det vår förbannelse från Edens lustgård eller har vi aldrig kanske varit skapade för ett sådant paradis? Är detta kanske är det ultimata beviset på att något utlovat paradis aldrig skulle kunna inträffa? Det får du som läsare själv ta ställning till, och de som tror på en gud och ett kommande paradis har säkert en förklaring om att någon allsmäktig institution kan fixa denna bugg i vårt system. Denna uppenbara allergi mot den perfekta tillvaron.

Den vackraste och mest korrekta symbolen för en människa är i min mening den kinesiska Yin-Yang-symbolen. Den beskrivs ibland som två koi-fiskar eller två drakar som jagar varandra i en yster dans. Färgerna tillskrivs både kaos och ordning, aktivt och passivt, kvinnligt och manligt och alla de motsättningar vi har i livet, men som på ett sätt ändå definierar varandra. Utan den ena så försvinner den andra. Vi människor behöver den ystra dansen. Dualismen. Kontrasterna som skapar dynamik. För vad händer om den vita fisken lyckas äta upp den svarta? Båda försvinner. Den vita finns bara där i relation till den svarta. De hör ihop. De kan inte separeras. Kaos behövs för att kunna skapa ordning. Den svarta bakgrunden behövs för att kunna visa en ljus figur. När vi verkligen inser detta förändras hela vår attityd till världen omkring oss på de mest fundamentala sätt.

Så - vi skapar den perfekta tillvaron digitalt. Det skulle nog inte vara helt olikt världen vi lever i idag. Vi skulle behöva hotet om död, vår egen och andras, för att uppskatta nuet och människorna omkring oss. Att de kan och skall dö gör att vi kan förlåta oss själva och dem när det behövs. Vi behöver simulerade fiender, må vara vulkanutbrott, pandemier eller utomjordingar. Sådant för oss samman och fyller oss med kärlek. Det får oss att skänka betydelse och tacksamhet till den okända personen bredvid oss.

Du kan ganska enkelt testa din egen längtan till det osäkra och det som riskerar att fylla oss med rädsla. Tänk dig att du kunde få välja dina drömmar. Allt i drömmen blev exakt som du bestämmer det och allt är både perfekt och förväntat. Du skulle drömma dina perfekta drömmar i några dagar och vakna upp varje morgon med en nöjd inställning. Drömmarna skulle handla om alla dina önskemål och det du längtade efter att få vara med om. Det skulle vara trevligt. Precis som du hade förutsett. Sedan skulle du få en natt av drömmar där du inte längre kontrollerade allt. Låt säg att du nu fick pröva en dröm där du inte längre hade kontroll och var tvungen att åka med på något som du inte visste utgången på. Du skulle vakna upp och känna spåren av äventyr och en kittlande känsla som föddes någonstans ur osäkerheten. Du skulle vilja ha fler sådana drömmar. Du skulle dras mot dem och önska dig mindre kontroll, i utbyte mot ett större äventyr. I slutet skulle du, om du fick välja, drömma exakt som dina drömmar är idag. Oplanerade äventyr. Ljusa och mörka. Toppar och dalar. Kontrasterna skapar värdet.

Vi för oss mot att skapa digitala världar för oss att bo i. Det görs med en massiv erfarenhet. Vi funderar redan nu kring våra barn och ungdomar om vilken värld de egentligen lever i. Jag skojar inte här. Såklart lever de biologiskt i den "verkliga" världen nu, men med mobilen i handen. Det kan diskuteras redan nu om vilken värld som har mest värde för dem själva. I vilken värld det gäller att vara betydelsefull och vilken värld som de bör planera inför sin karriär och sociala liv? För tio år sedan var detta inte ens en frågeställning. Nu svänger det så snabbt och min dotter förstår inte ens på vilket sätt den digitala världen inte skulle vara lika viktig och betydelsefull som den biologiska. Jag är själv inte säker på att jag har något bra svar på den frågan. Det känns som vi på något sätt i dagens värld av pandemier, distansarbete och sociala medier ändå måste förhålla oss till båda.

Åter till världs-skapandet. Vi kan säkerligen efter lite "trial & error" hitta några bra alternativ på världar att erbjudas liv i för den som vill överföra sin hjärna till det digitala. I början är det nog bara en attraktiv möjlighet vid sidan av dödshjälp. De gamla, de sjuka och de som inte har långt kvar att leva. Det finns ett löfte om ett digitalt paradis eller den eviga icke-existensen att välja på. Sedan blir det andra som tar steget. I något land, på någon plats, där är möjligt juridiskt kommer det även ett alternativ för yngre, friska och nyfikna pionjärer att ta steget över till ett digitalt liv. Ett liv utan en biologisk kropp i ordets litterära bemärkelse, men där du inte på något sätt kan märka skillnaden. Efter den första vågen av transdigitala resenärer kommer fler att ta steget. Möjligen motiverade av hur den verkliga världen ser ut just då. Klimatflyktingar, obeboeliga platser, arbetslöshet, krig, resursbrist och allt sådant som det ibland utlovas i vår framtid. Ett steg till det digitala "perfekta" livet lockar alla åldrar och människor. Det "perfekta" inom citationstecken eftersom varje val av digital värld innehåller elände i lagom mängd för att vi skall kunna njuta och känna lycka. Vid det här laget är vi medvetna om vårt behov av olycka och kan välja ut

165

de korrekta katastroferna i stället för att som i verkliga världen låta slumpen avgöra från en mycket större och varierad palett.

Välj ditt paradis

Att göra den trans-digitala resan är att ge sig själv evigt liv. Att inte göra det kommer bli det destruktiva. Den som dröjer kvar i mörkret. Den som utan att se sig eget värde låter tidvattnet spola bort det som skrivits i sanden. Nattfjärilen som kastar sig mot ljuslågan. Lev ditt liv i nuet på Jorden och när du är färdig i den "skolan" så väntar det stora äventyret. Paradiset du själv designat. Har vi nu egentligen kanske skapat det som religioner har lovat oss i tusentals år?

Kanske finns det ett antal världar att välja på när du tar steget. Nybyggarscenen i 1870-talet Amerika och Lilla huset på prärien. Den oskyldiga amerikanska idyllen på 1950-talet innan Kennedymordet, fast redigerat så att det inte finns rasism eller cancerframkallande ämnen i solkrämen? Eller varför inte testa ett liv i något spännande och utforska myten om Atlantis? Kanske det till synes sorglösa livet som rik köpman i Hansastaden Visby

under 1200-talet, fast aningen redigerat så du inte kan
dö av en infektion eller lunginflammation, men att
hotet om de grymma danskarna ändå kvarstår. Kanske
finns det prova-på-alternativ när du väljer värld och
skulle du inte gilla det så går du till automaten utanför
kommunhuset och helt enkelt byter server? Ett byte
som alltid medför en viss risk - automaten kan vara
hackad och du kan hamna i en rysk fängelse-server där
du tvingas tillbringa evigheten med att validera digital
valuta i en Bitcoin-gruva. Ett hot som tillför en
välbehövlig spänning. Det är lätt att förlora sig i
tanken kring hur vi med all vår erfarenhet av dagens
online-världar skulle kunna bygga upp en ny värld för
oss människor att leva i. Ett liv som kan gå på "repeat"
och har ett garanterat liv efter detta. Ett liv som direkt
blir evigt i det närmaste vi kommer ett paradis. Skapat
av de gudarna som vi gjorde oss själva till.

En stor utmaning återstår för oss människor
innan vi kan ge oss själva något som påminner om
tanken på evigt liv. Skulle du verkligen vilja ha evigt
liv? På riktigt? Det är säkert en attraktiv tanke från
början, men vi förstår kanske inte vad vi tvingas byta
bort. Det är vetskapen om att livet inte är evigt som

skapar fokus i allt du tänker och gör. Det brådskande i att slutföra något och behovet i att kunna visa kärlek.

Om livet evigt, varför skulle jag ens behöva gå upp ur sängen om det ändå alltid finns en morgondag?

KAPITEL TRETTON:
MÄNNISKAN OCH SIMULERING

Vad är den mest konstiga teorin om världen vi lever i som du inte kan avskriva som fantasier eller utan relevans? Fantasier såsom plattform 9¾, eller att Jorden är platt? Eller utan relevans som att vi lever i parallella universum? Jag säger utan relevans, för hela teorin kring parallella universum eller inte – är trots roliga övningar för tanken, en teori helt utan relevans. Ett parallellt universum har ingenting med oss att göra. Det är kanske det enda som du aldrig kan hitta en enda anledning att fundera på och alla minuter till tillbringar med att tänka på parallella universum är bortkastad tid. Allt mellan Big Bang och tidens slut i vårt universum har någon form av relevans oavsett om det handlar om Facebooks logaritmer, eller om strängteorin verkligen innebär 10 dimensioner. Allt utanför det är inte relevant. Ett annat universum spelar ingen roll.

För mig är den konstigaste teorin utan tvekan teorin om att vi lever i en simulering. Att allt omkring dig, inklusive dig själv och dina innersta tankar styrs

169

av kod. Det tycks föga troligt att vi någonsin kommer att kunna bevisa en sådan teori, men indicierna och tecknen på att det stämmer läggs på hög. En växande hög som pekar på en tanke som aldrig tycks vilja försvinna.

Vi har en svensk professor vid namn Niklas Boström som 2003 talet skrev en vetenskaplig proposition som heter *"Are You Living in a Computer Simulation?"*, (20).

Den rapporten var starten på många debatter och diskussioner genom åren och några av våra tyngsta och kändaste namn såsom Elon Musk, Neil Degrasse Tyson med flera har skänkt sitt medhåll till teorin eftersom den inte går att motbevisa på ett enkelt sätt. Den handlar om 3 antaganden varvid 1 måste vara rätt.

1. Andelen civilisationer som uppnår en teknologisk nivå som krävs för att kunna driva *"Ancestor Simulations"* är väldigt nära noll. En *"Ancestor Simulation"* är något som lockar de flesta grenarna inom vetenskapen. Den behöver rimligen inte bara vara knuten till människor utan helt enkelt livet på Jorden. Den kan besvara många frågor och ge oss många insikter om framtiden. Vi räknar med att liv förr eller

170

senare i sin komplexitet vill börja simulera för att finna svaren på många av frågorna. För ett kunna bygga en sådan krävs dock en viss teknisk utveckling och kanske har ingen kommit dit ännu.

2. Andelen civilisationer som är intresserade av att köra "Ancestor Simulations" är väldigt nära noll. Vi kan vara unika i universum i vår önskan att bygga dessa simuleringar. Den känns spontant inte så trolig, men vi kan inte utesluta den. Det kanske finnas bättre sätt att söka svaren på frågorna och att vi helt enkelt inte insett dem. Det finns med som ett alternativ eftersom det inte kan uteslutas.

3. Vi lever i en simulering. Det sista alternativet – om de övriga två inte stämmer. Om du tänker dig att alla andra civilisationer som vill och kan köra fullskaliga simuleringar även gör det, så är chanserna att vi inte tillhör en av dessa simuleringar ungefär lika med noll. En civilisation sätter upp ett experiment som börjar med Big Bang, fast såklart i en simulering för att sedan kunna besvara allt om universum och

livet. Den simuleringen i sig själv kommer leda till otaliga simulerade civilisationer som alla i sin tur börjar simulera och fort blir det ett oändligt antal simuleringar. Vilka är oddsen att vi inte skulle tillhöra någon av alla dessa oändliga antal simuleringar? Mycket, mycket nära noll.

Det kan låta helt galet, men det pågår faktiskt forskning på detta. En jakt på bevis på att vi kanske ändå lever i en simulering. Den forskningen har några begränsningar eftersom dem utgår från vår begränsade kunskap om simulering samt de krav och förutsättningar som vi människor har. Vi försöker till exempel utreda om en skog grafiskt renderas även om ingen är där för att betrakta den. Om simuleringen av vår upplevelse av världen på något sätt är ihopkopplad med närvaro. Allt annat vore slöseri med energi. Varför rendera en högupplöst skog när varken djur eller människor finns där och upplever skogen? En simulering bör såvitt vi kan förstå vara en process som kostar massor med energi, och behöver inte dessa energisparande detaljer respekteras även hos andra civilisationer?

Det finns de som tycker sig ha hittat några bevis på att vi lever i en simulering. När det nästan går att hitta "glitchar" eller buggar i koden. Den kod som för övrigt skulle kunna vara matematik. Det finns mycket i världen som lirar väldigt bra med just matematik. De riktiga matematikerna säger att allt kan byggas och förklaras med matematik och att det finns något snudd på magiskt kring världen vi lever i och matematikens lagar. Kan det vara så enkelt att koden för vår simulering är – matematik?

De "bevis" som brukar figurera när vi pratar om simulering är följande:

- **Nelson Mandela-effekten** – Många människor minns att Nelson Mandela dog i fängelset under 1980-talet trots att han egentligen levde till 2013 och hann med att vara president innan han dog. Vi pratar inte om några fåtal utan en stor upplevelse som delas av väldigt många människor och känns lika verklig som allt annat. Är detta en "rollback" eller återskapande i systemet? Gick något fel här?

- **Partiklar som ändrar beteende** baserat på om vi betraktar dem eller inte. Det berömda "Double-slit" experimentet är en mycket tydligt sådant. Ljuset ändrar form och funktion baserat på om någon eller något iakttar det eller inte. Hur kan ljus veta att vi iakttar det om det inte på något sätt är ihopkopplat med oss som bor i simuleringen? Detta är återigen en stor drivkraft för de som vill utreda om världen faktiskt finns och renderas om ingen är där och iakttar platsen.

- **DNA kan bära datorvirus.** Universitetet i Washington skulle under 2017 bevisa att datorer som arbetade med gen-sekvensering är sårbara för virusattacker. De skapade syntetiskt DNA som innehöll viruskod och när datorerna analyserade DNA-strängarna smittades de av viruset. (21) Det borde nästan vara en omöjlighet om det inte vore för idén att både DNA och datorn hängde ihop på något fundamentalt sätt. I detta fall pekar det på att om båda vore uppbygga av matematik skulle det kunna vara möjligt. Alltså inte bara förklarade med matematik, utan verkligen uppbyggda med matematik. Det går inte att undvika att bli nyfiken på förklaringen.

- **Kosmologiska finjusteringar.** Vårt universum är otroligt finjusterat för att liv ska kunna existera. Fysikens grundläggande konstanter, som gravitationens styrka eller elektrons massa, är exakt rätt för att möjliggöra komplexa strukturer som galaxer, stjärnor, planeter och i slutändan liv. Om någon av dessa konstanter hade varit bara lite annorlunda, hade universum varit antingen för instabilt eller för simpelt för att kunna utveckla något liknande liv. Detta finjusteringsproblem har lett vissa att tro att universum är designat med syfte, vilket i sin tur kan tolkas som att vi lever i en noggrant programmerad simulering där någon medvetet har valt dessa parametrar.

- **Plankskalan och pixelteorin.** Universum verkar ha en grundläggande upplösning – den så kallade Plancklängden – ungefär 1.6×10^{-35} meter. Denna gräns kan ses som universums minsta "pixel", där det inte går att observera något som är mindre än denna storlek. Om universum verkligen är en simulering, skulle det kunna liknas vid att vi lever i en digital värld, där allt är uppbyggt av en slags kod med minsta beståndsdelar, precis som en dators grafik består av pixlar. Denna "kvantisering" av verkligheten, där allt kan brytas ner till fundamentala enheter, påminner om hur en digital simulering skulle vara konstruerad.

- **Beräkningsteorin och Moores lag.** Moores lag, som beskriver hur processorkraften i datorer fördubblas ungefär var 18 månad, har lett till en exponentiell ökning av datorkapacitet. Om denna trend fortsätter, kommer vi till slut att ha datorkraft som är tillräcklig för att simulera kompletta universum i detalj. Det väcker frågan: Om vi själva är nära att kunna skapa sådana simuleringar, vad hindrar en tidigare civilisation från att redan ha gjort det? Det skulle innebära att vi själva är en produkt av en tidigare civilisation som har skapat vår verklighet som en simulering.

- **Mörk materia och mörk energi.** En stor del
av universum består av något vi inte kan
observera direkt – mörk materia och mörk
energi. De utgör 95 % av universum, men vi kan
bara observera dess effekter på det som vi kan
se. Detta påminner om hur en simulering kan
ha osynliga bakgrundsprocesser som hanterar
det mesta av beräkningarna medan vi som
användare bara ser den "renderade" delen.
Kanske är mörk materia och mörk energi bara
"kod" som behövs för att hålla simuleringen
igång, men som vi inte direkt kan observera.

Oavsett om vi redan lever i en simulering eller
inte – måste vi inte fråga oss själva – vad spelar det
egentligen för roll? Om vi befinner oss i en så perfekt
simulering att vi inte på ett tydligt sätt kan bevisa dess
existens, spelar det då någon roll? Är inte livet resan,
upplevelserna och interaktionerna? Är det viktigt att
det finns någon sorts materiell innehållsförteckning på
partiklarna och om de innehåller riktiga kvarkar eller
bara är matematiska väsen? Är det inte att jämföra

med den redan ej relevanta diskussionen om det finns fler universum eller inte?

Det finns ett annat sätt att de på det här med simulering som påvisar att vi lever i en sorts simulering, men inte en sådan som har med teknik att göra. Tänk dig istället att du går och lägger dig och somnar. Du börjar drömma och du upplever en fysisk värld som egentligen bara är baserat på aktiviteter som skapats av ditt medvetande. Du upplever allt verkligt och fysiskt, men det är inte materia och verkligt. Åtminstone skulle du inte benämna det så när du vaknar igen utan att ditt medvetande kunde få dig att tolka ditt medvetandes aktiviteter som materia, eftersom när du drömde befann sig din tolkningspunkt inkapslad i en mindre värld, drömvärlden. Nu behöver du egentligen bara gå upp en nivå för att öppna upp möjligheten än mer. Låt säga att det finns ett universellt medvetande. Tanken är inte ny på något sätt utan har funnits sedan urminnes tider. Tänk dig att det som du upplever som fysiskt, materia och en verklig värld bara är aktiviteter av ett större och universellt medvetande. Du upplever materia och verkliga händelser för att du som tolkar är fast i den mindre världen. Den mindre världen, som inte består av materia utan av medvetande och vi kallar den livet.

Jag har nog personligen nått min egen slutdestination i ämnet, även om jag aldrig drar mig undan en intressant diskussion om simulering. Oavsett om vi är fast i en teknikvärld, eller i aktiviteterna hos ett universellt medvetande verkar vi vara oförmögna att se skillnaden på simulerat och verkligt och till slut faller meningen med att fortsätta sökandet på svar som ändå kanske inte betyder något.

Varje människa, en simulering

En annan tanke kring simulering, och som på ett sätt nästan kan utlovas är att vi är på väg att göra varje människa till skapare över sin egen simulerade värld. Jag tror inte längre att det är frågan om vi kommer nå möjligheten att koppla ihop hjärna med nät och teknik. Det är bara en fråga om när. Gissningsvis är det snart. I nästa andetag ur evolutionistiskt tidsperspektiv. Först då kommer AR-begreppet kunna blomstra upp (Augmented Reality och det kanske ännu mer omvälvande begreppet MR (Mixed Reality). Om jag vill lyssna på musik så gör jag det. En musik som bara jag hör och som inte kräver extern fysisk utrustning. Om jag vill ha en liten mini-tiger som husdjur så installerar jag en sådan. En som bara jag ser och som möter mig genom att vifta på svansen när jag kommer hem. Jag kan välja att dela den med min familj och delar då ut upplevelsen för synkning med min familj.

Jag kan välja att editera, filtrera bort eller lägga till alla upplevelser som min kropp utsätts för och som ett resultat av det föds frågan – blir varje människa till slut en egen ö? En egen simulering av det perfekta livet? Den här sortens simulering behöver inte förutspås. Den kan garanteras och det blev tydligt redan när sociala medier landade hos oss. Vi filtrerar och skapar vår verklighet i den digitala mötesplatsen och mer och mer tar vi med oss tankesätten och vanorna till våra vanliga liv.

Vi står just nu inför en ny revolution som vi kallar Metaverse och i beskrivningen av vad det är och kommer bli behöver vi kanske först titta bakåt i historien för att inse vilken dröm och längtan som ligger till grund för den. Under de senaste åren har film och böcker verkligen börjat gräva i människor som med hjälp av teknik kan sjunka in i en annan värld och där utkämpa spännande uppdrag, ofta ändå med kopplingar till den verkliga världen. "*Tron*", (22) och "*Ready Player One*", (23) är två sådana exempel och även Matrix-filmerna, (24), kan nog kvala in här även om de utgår från det inverterade. Att vi redan lever simulerat och behöver få upptäcka den "riktiga" världen.

Första gången ordet "Metaverse" myntades var i boken "*Snow Crash*" av Neal Stephenson, (25). Det är en science-fiction roman från 1992 där Metaverse är en flera hundra meter bred gata kallad "*The Street*" och löper hela varvet runt en svart planet. Karaktärerna i boken kliver in i Metaverse antingen genom omslutande portabla terminaler som de sätter på huvudet, eller de allmänna båsen som finns och som erbjuder en lite mer lågupplöst och svart-vit bild av Metaverse. Väl inne i världen har alla en avatar och för att förhindra ett tredimensionellt kaos av flygande avatarer går det endast att förflytta sig till fots, med fordon eller via den publika spårvagnen.

Neal Stephenson var inte först med den här fantasin om en ny värld för oss människor att besöka. Den går att spåra tillbaka genom historien. Neal kanske fick sin inspiration från Vernor Vinge som redan 1981 skrev "*True Names*", (26), även det en science fiction roman. Den handlar om en grupp hackers som kallas "*Warlocks*" och som med hjälp av elektroder som fästs på huvudet kan agera inne i en simulerad datorvärld. Kanske fick Vernor i sin tur inspiration från Morten Heilig som konstruerade den första VR-maskinen. Den hette "*Sensorama*" och var som ett stort bås där besökaren fick klättra in i. Där bjöd Sensorama på en motorcykelresa genom New York. Fläktar bjöd på fartvinden och kemiska substanser tillverkade allt från dieselavgaser till pizzadofter längsmed vägen.

Det går att följa drömmarna och fantasierna om andra parallella världar så långt tillbaka som antiken och förmodligen ännu längre och vi räknar grottmålningar som inte verkar ha verklighetsanknytning. Kanske skall vi ändå se Platon (428 f.Kr. - 348 f.kr) som fadern till tanken på virtuella världar. Hans förslag på att sinnevärlden (det vi upplever) skiljer sig från idévärlden (riktiga världen) framfördes genom att beskriva att vi människor lever fastkedjade i en grotta och endast kan se skuggorna på grottväggen från det som sker på riktigt. Hela simuleringstanken kanske ändå startade här?

Metaverse ligger runt hörnet för oss människor just nu och alla de stora världsledande bolagen är med och bidrar till något som just nu sägs vara en revolution. Det är en produkt men det är även en plats. Det är något vi kommer att använda men även en plats där vi möts. Det sägs även kunna bli något vi syftar till som en tidpunkt. När Metaverse kom. Ungefär som vi idag kan säga "När internet kom" och alla ungefär vet när i tiden det var.

Microsoft köpte nyligen både Activision och Blizzard. Det var inte för att de nu skall försöka dominera spelmarknaden, även om det kan vara en trevlig ekonomisk bieffekt. Med köpet fick de 10 000 utvecklare som är specialiserade på högupplöst programmering och interaktiv 3D-modellering. Dessutom cirka 400 miljoner aktiva och betalande spelprenumeranter som kommer fungera som Betatestare till allt inom kommande Metaverse-lanseringar. Facebook, bytte namn till "Meta" och köpte även på sig Oculus som ägde 75% av VR-marknaden, inklusive alla de utvecklarna. Just nu läggs grunden för framtidens mötesplatser. Fritid som arbete.

Satya Nadella, Microsoft VD, gick 2021 och förklarade målsättningen med Metaverse. *"Metaverse kommer inte bara förändra hur vi ser på världen utan även hur vi interagerar med den. Vi kan alla förvänta oss att Metaverse kommer ha en signifikant påverkan på alla aspekter av våra liv. Från arbete till fritid och allting där emellan".* Inga små ord från en av världens stora tekniska ledare. Microsoft är dock bara en liten del av Metaverse. De kommer inom kort att lansera "Microsoft Mesh" som på sikt skall ersätta Microsoft Teams. Där möter vi kollegor i det digitala rummet och det verkliga blandas med det digitala på en ny nivå.

Hela diskussionen med *"jobba på distans"* och *"plugga på distans"* är snart något som tillhör en förgången tid. De yngre generationerna är redan här. De träffas digitalt på ett helt naturligt sätt som ibland även kan vara förstahandsvalet. De är dessa generationer som kommer lyfta Metaverse till det nya sättet att leva. De har växt upp med att köpa digitala kläder till sina avatarer i Roblox och de har inrett sina digitala mötesplatser i spel med virtuella möbler. De har varit med och skapat en helt ny ekonomi som nu kallas NFT (Non-Fungible Token) och de använder den för att köpa och sälja digitala skapelser.

De äldre (mig själv inkluderat) behöver likt generationer innan oss snart ta beslutet om vi skall hänga med eller kliva av. Min mor tog beslutet att kliva av när mobiltelefonen kom. Den kom strax innan hemdatorerna och allt tillsammans blev för mustigt för min gamla mor. Hennes bror valde att gå i pension och sluta köra taxi när "taxi-datorerna" blev obligatoriska i bilarna. Alla når vi slutligen en gräns där vi känner oss förbisprungna. Vår anpassningsförmåga slår i taket och vi känner oss felkonstruerade i hjärnan. Det är helt naturligt. Flocken springer förr eller senare ifrån oss.

Det är faktiskt ett argument till varför vi människor kanske inte skall belönas med evigt liv, även om forskningen skulle lösa det åt oss. Vi ändrar egentligen aldrig våra tankebanor på några fundamentala sätt. Vi blir bara äldre och dör och nya generationer utvecklar vidare där vi vägrade. Någon har tidigare sagt *"All mänsklig utveckling sker en begravning i taget"* och jag tror det ligger något i det. Kommer du vara tillräckligt nyfiken för att hänga på in i Metaverse, eller stannar du kvar här i dina invanda rutiner på utsidan?

Jag skulle kunna berätta mycket om hur jag tänker mig Metaverse, vilka former för sociala interaktioner som väntar och hur det kommer påverka oss. Som individer och som ras. Men jag behöver hålla tempot uppe och inte gräva nedåt i små smala tunnlar. För sett ur universums perspektiv och även ur mänsklighetens lilla stund är Metaverse en mycket smal tunnel. En parentes och lite pausmusik. Det kommer att innebära ett nytt arbetsliv som kommer med massor av möjligheter. Turismen måste uppfinnas på nytt och förändras för att kunna överleva Metaverse. Tänk dig själv hur du kan besöka en marknad i Marrakesh och med hjälp av inbyggda kameror i headset och platsmonterade kameror ta del av precis allt. Människorna som just nu går runt där, marknadens alla små hörn och vrår, butikerna och mopederna som susar förbi. Allt förutom kanske luft och smak. Det är precis det enda som jag kommer att missa när jag går runt därhemma i mitt vardagsrum och njuter av kvällssolen i Marrakesh. Hur skall turismen överleva om de inte hittar nya grepp att hålla sig fast i här?

Konsumtionen står inför hela nya landskap. Människor behöver köpa på sig helt nya garderober av digitala kläder. Kläderna är unika och har ett andrahandsvärde med hjälp av NTF. Du måste ha dessa eftersom du har viktiga möten i Metaverse och kan inte representera dig själv i den blå sparkdräkt som gratis-avataren kommer med. Möbler och digitala lokalhyror, glöm inte det. Metaverse kommer kunna vara inkluderande för många människor men även motsatsen kommer att vara något vi behöver vara medvetna om. Kulturlivet blomstrar på helt nya sätt, men så gör även brottsligheten. Miljön kan ha en ärlig chans här om vi kan lösa energifrågan.

Vi kommer springa på problem när det kommer till integriteten och lagefterlevnaden. Plötsligt så skall Dropbox och Panasonic ha tillgång till din retina för att du skall kunna använda Metaverse. Vi som för några år sedan skickade både Google och Facebook till domstolar för att de missbrukat information som var kopplat till vår identitet. För att Metaverse skall fungera måste vi lämna ut allt om dig själv och andra till alla de aktörer som erbjuder tjänster i Metaverse. Vi riskerar självklart att bygga på klyftorna i ett klassamhälle eftersom allt kommer med kostnader. På individnivå men även länder emellan. Den mentala hälsan är ingenting som kommer bli bättre av Metaverse och eftersom vi redan idag ser otvivelaktiga bevis på att unga människor far illa av sociala medier kan detta bli några resor värre om vi inte inser hur dopamin kan vara skadligt eller hur mycket smärtan känns i hjärtat när man känner sig utesluten. Till sist – maktfaktorn kring Metaverse. De säger att Kina kommer vinna loppet kring den artificiella intelligensen. Helt klart ser det just nu ut som att USA kommer vinna Metaverse. De flesta företag just nu som skrivit upp sig för att satsa all sin R&D på Metaverse har en tydlig nordamerikansk koppling.

Vidare så är Metaverse helt och håller något som styrs av marknad och ekonomi. Vi människor kommer vara produkten och det som saluförs. Det har fram tills nu varit så på sociala medier och det kanske vi ändå har fått acceptera eftersom det ändå oftast kan kopplas till fritid. Nu handlar det om våra arbetsplatser, våra yrken, våra skolor och hela våra sociala liv. Hur kommer effekterna av det att se ut? Vilken makt kommer kommersiella intressen att få när de tillhandahåller allting för hur jag arbetar och träffar andra människor?

Den enda faktorn som jag han hitta som skulle kunna sätta stopp för, eller åtminstone fördröja Metaverse och skapandet av digitala världar för oss människor att bo i, är det parallellt pågående kapprustningen inom artificiell intelligens. Ett flertal företags som först satsade stort på att kunna vara med och bidra inom Metaverse har dragit sig ut tidigt. De är tvungna att investera i artificiell intelligens och finanserna räcker inte till båda satsningarna. Möjligen är det så att Metaverse inte är något som vi människor bygger, utan något som vi med hjälp av AI kunde lansera, utveckla och bygga vidare på. Om så är fallet är satsningen på AI den enda rätta eftersom allt annat följer i de fotspåren.

Jag vill avsluta med att säga att det just nu i skrivande stund finns tecken på att Metaverse inte blir den revolutionen som det först utmålades som. Åtminstone inte ännu. Prioriteringar förändras och både ekonomiska och militära strategier är i allra hösta grad med och styr. Världen går just nu mot mer konflikt och politiska motsättningar vilket resulterar i att koncept som Metaverse får stå åt sidan. Till skillnad från mycket annat inom teknik så har Metaverse få militära användningsområden och det kommer reflekteras genom att företag och organisationer avvaktar med investeringar och vidare forskning. Konceptet och tankarna har väckts och ur ekonomisk synvinkel är detta en guldgruva för stora företag. Jag tror att Metaverse kommer tillbaka. Om vi kommer tillbaka.

KAPITEL FJORTON:
MÄNNISKAN OCH UNIVERSUM

Om vi lyfter blicken från det digitala och det tekniska en liten stund. Lagom länge för att inse att vi trots allt är en biologisk varelse och att vi ständigt förändras, även om det tar tid. Vi ändras biologiskt och vi ändras som varelse. Vår art som vi ser ut och fungerar idag finns nog bara kvar i max hundra år till. Sedan har vi något annat, troligen med hjälp och påskyndat av redigering och teknisk symbios. Enligt Yuval Noah Harari, författare till bland annat *Sapiens* (27) och *Homo Deus* (28), så är vi människor väldigt förtjusta i att kategorisera och dela upp oss. Land var makt och när för mycket land samlades hos några få så delades vi upp oss i aristokrater och vanliga medborgare. Sedan kom industrialismen och då blev maskinerna makten. När för mycket maskiner samlades på ett ställe så delade vi människor upp oss i kapitalister och proletärer.

Nu handlar makt i stället om information. När för mycket information samlas kommer människan återigen att tvingas dela på sig. Den här gången inte i klasser utan i ras. En modifierad och tekniskt utvecklad ras som är informationsöverlägen och på alla sätt mer kapabel. Jag använder ordet ras för att egentligen säga att det kommer finnas olika versioner av samma modell. En ras och version som har möjligheterna att kunna ta del av all denna information. Det andra valet, en icke modifierad människoversion, så som vi ser ut idag. Skillnaden mellan de olika versionerna är lika stora som mellan den nutida moderna människan och neandertalare. Den ena varianten, digitalt modifierad och med en kapacitet som kommer krävas i framtidens högkvalificerade yrken. Den andra varianten som inte egentligen har några fördelar alls, förutom att vara lite mindre känslig för den framtida människans faror som felaktig kod, digitala sårbarheter och ja, solstormar.

Det är inte svårt att inse att dessa världar kommer att mötas. Allt är algoritmer. Människor, bananer, DNA, tankar, känslor, datorer, bilar – allt består och fungerar av algoritmer och vi är inte långt ifrån att kunna koppla ihop, förstå, förutspå och editera alla dessa algoritmer. Algoritmer kan förstå mig bättre idag än jag kan förstå mig själv. Jag har ingen chans att förstå mig själv i jämförelse. Jag kan inte uppfatta ögonrörelser, puls, andning, hormonutsöndringar, nervimpulser, eller om mina synapser använder nya eller gamla mönster och framför allt kan jag inte läsa av dem i sin helhet inför ett kommande beslut. Algoritmer kan detta. Algoritmer kan tolka mig bättre än jag kan tolka mig själv.

Självklart finns det saker att vara vaksam inför här i den här utvecklingen. En utveckling där vi jämför beslut tagna baserad på redovisade fakta i jämförelse med beslut som tas baserat på känsla och intuition. I det korta perspektivet kanske vi byter ut en mänsklig fotbollsdomare mot en digital. Eller en brottmålsdomare. Det känns naturligt att vilja basera beslut på redovisade fakta i stället för dold magkänsla. I nästa steg står vi inför beslut som styr exempelvis en nation. I en av slutdestinationerna finns en digital diktatur. Något som började som en logisk och korrekt väg kan sluta i något ordentligt dystopiskt.

Vi bär omkring en idé om att fakta är mer värt än det vi kallar för magkänsla och intuition. Det är tyvärr inte alltid fördelaktigt. Speciellt om vi inte inser att det vi kallar magkänsla även innefattar den mjuka kvaliteten som vi upplever som medmänskligt. Även om vi tror att en brottmålsdomare dömer med logik och fakta, och med lagboken i handen, är hela den processen ett samspel mellan det logiska och magkänslan. På frågan om ett brott har begåtts och vilka kriterier som talar om det är helt och håller ett strukturerar förfarande baserat på paragrafer och bestämmelser även om det finns utrymmer för tolkningar. Det är första delen av förhandlingarna. Sedan kommer vi till straff och proportionalitet. Vi växlar vi från hjärnan och lagboken till magkänslan och humanismen. Det går att hitta texter som påvisar liknande brott och liknande förutsättningar samt vilka straff de dömdes för, men det är inte detta brott. Detta brott är unikt och behöver ett straff som baserar sig på just detta brott. Med logiska råd behöver magkänslan bygga ett lämpligt straff.

Vi får ramarna, men måste måla tavlan just där och då. Med hjälp av just "magkänslan". I våra allra högsta juridiska instanser är den i allra högsta grad en mycket viktig detalj som inte med lätthet går att lägga på en maskin i dagens läge. Den dagen vi gör det ger vi bort den mänskliga magkänslan till den maskinella magkänslan. Det kanske funkar hur bra som helst, men det är inget som låter sig göras enkelt och snabbt. Vi har en bit kvar innan vi helt kan sluta använda ord som "humant", "intuition" och "magkänsla". De är viktigare än vi tror.

Om vi kan överleva länge nog här på Jorden kommer forskningen och den tekniska utvecklingen en dag att tillåta oss att skapa både minnen och medvetande. Vad är det som hindrar oss från att inte skapa människor i denna digitala värld? Det är väl så det måste gå till om vi fortsätter med idén om tvåsamhet, partner och barnfamilj? Att man skapar ett barn i en process där man som förälder ger delar av sin unika kod till en process som blandar den med min partners unika kod och i en till synes digital evolution så blir det en ny människa som påminner om oss till utseende och beteende.

Här dör egentligen mänskligheten. Åtminstone på det sätt vi nu valt att definiera vår ras. Homosapiens tid är då förbi. Den fick regera och bruka

Jorden i tvåhundra tusen år och gjorde på slutet ett undermåligt jobb ur miljösynpunkt. Vi har nu valt att bli digitala varelser som aldrig egentligen märkte skillnaden då vi redan lämnat det universum som vi befann oss i innan. Vi lever våra liv här digitalt utan behov av något tidigare. Vi är digitala varelser men medvetna om att vi kommer från de biologiska människorna. De var en avgörande och nödvändig byggsten i resan mot vår nya ras och form, på samma sätt som yuppienallen till slut blev en iPhone eller som Commodore 64 var ett steg mot en spelkonsol med prenumerationstjänst. Det agrikulturella samhället som ökade antalet, industrialismen som fick oss att dyrka tillverkning, maskinerna och energiutnyttjande, internet och brain-mesh som kopplade ihop våra hjärnor och till sist A.I. som på slutet löste de sista pusselbitarna, definierade riktningen och drev oss i mål.

Liv kan idag definieras i några kriterier såsom exempelvis metabolism, celltillväxt, anpassning, respons vid stimuli och reproduktion för att nämna några. I våra digitala liv har vi behållit respons vid stimuli (faktum är att det är allt som återstår för de digitala varelserna) och vi kan reproducera oss genom att skapa nya digitala varianter. Då har vi har övergett våra celler och till viss del kanske vår metabolism om vi inte räknar behovet av energi för att driva våra världar. Detta behov av energi är det som hindrar oss från att helt försvinna inåt. Vi har övergett liv, åtminstone den versionen av liv som just nu finns fastslagen men vad är det som hindrar oss från att helt bara sluta oss i det digitala systemet? Överge tanken på planeten Jorden och det universumet vi kom ifrån? Det kommer aldrig hända. Vi har redan insett att våra dagar här på Jorden är räknade. Vi lever på lånad tid. Oavsett om alla dessa servrar placeras i ett bergrum djupt ner i Svalbard så kommer Jorden till slut befinna sig på en plats där dessa servrar kommer förstöras och kort efter det, en plats där det inte längre finns energi att hämta. Solsystemet upphör. Vill vi verkligen ge mänskligheten, i nuvarande version och framtida digitala versioner, en chans att leva i flera miljarder år framåt måste vi bege oss ut i rymden och leta efter nya platser. Platser på ett lagom avstånd från en sol fylld av energi. Det optimala ser just nu ut som att det skulle kunna vara en sol av typen "röd dvärg". De har en extremt långt brinntid och förser sina planeter med energi under många, många miljarder år.

Det tog universum ungefär nio miljarder år att skapa vårt solsystem och vår planet, och det tog planeten ytterligare några miljarder år att kunna erbjuda en plats för liv. Vi vet att om ytterligare en halv miljard år kommer en plats för liv inte längre att erbjudas här på planeten Jorden. Åtminstone inte för oss människor. Om det har tagit 10% längre tid att utveckla oss människor hade vi aldrig ens haft möjligheten att kunna ta oss till en annan planet. Jag undrar ibland hur många andra världar det har funnit eller kommer finnas där ute som aldrig ens får chansen att kunna sig till nästa planet och bara försvinner ur existensen utan spår.

Människan - En Multiplanetär Organism?

Mars – absolut. Även om det finns många till synes omöjliga utmaningar såsom den ständigt höga radioaktiva strålningen på Mars yta i kombination med väldigt höga halter av giftig perklorat precis överallt så finns fortfarande en möjlighet. Allt är möjligt med tillräckligt stora investeringar, och här finns tydliga vinster att hämta om man lyckas.

Planen enligt Elon Musk är att ha Mars koloniserat med 1 miljon människor innan 2050. Att 1000 skepp skall kunna frakta 100 000 personer var samt utrustning och att det sker under en trettiodagarsperiod varje 26:e månad då Mars och Jorden är som närmast varandra. Att dessa människor skall kunna göra Mars beboeligt och bli självförsörjande. Med självförsörjande menas att de inte kommer behöva en enda liten pryl från någonsin för att klara sig.

För mig har alltid frågan om varför vi inte utforskar Jorden först alltid dykt upp när det pratas om att kolonisera Mars. Det finns så många platser kvar på Jorden som är tusen gånger lättare att kolonisera än Mars. Vi har till exempel bara utforskat någon futtig procent av våra hav. I stort sett ingenting på botten av våra världshav är vare sig utforskat eller utnyttjat och ändå är det så mycket billigare och enklare än att kolonisera Mars. Haven fullständigt välkomnar liv och kolonisering, även i djupaste

Marianergraven, om man jämför med att kolonisera en planet som inte har atmosfär, endast bjuder på farlig strålning och är omöjligt dyrt att hålla igång.

Det som kanske lockar oss att ändå blicka ut mot rymden i vårt sökande efter outforskade områden, insikter och platser är nog ändå hur stor potential av utforskande det finns. I haven och på havsbotten finns förmodligen mycket men ingenting i jämförelse med det stora svarta, nästan eller kanske oändliga, som vi kallar rymden. Om vi gjorde om rymden till att representera allt vatten på Jorden, alla sjöar, alla floder och alla våra stora världshav – då har vi utforskat ungefär ett dricksglas (35cl). En extremt liten del av rymden alltså. Det är väl hyfsat säkert att påstå att vi inte har någon aning om vad rymden egentligen erbjuder. Vi försöker tolka det vi ser genom våra teleskop och våra matematiska beräkningar, men det stannar alltid vid teorier och vi är långt ifrån att kunna greppa så stora koncept.

Ta bara konceptet tid. Tid är något som är fundamentalt i begreppet universum och för att kunna förstå universum behöver du även förstå tid. Det enda sättet vi lär oss att tänka på tid är som en linjär företeelse. En tidslinje med en början och ett slut. Om jag istället bad dig att tänka dig tiden som en punkt krävs det mycket mer jobb och risken att vi inte lyckas är stor. Tid inom kvantmekaniken saknar nämligen tid och rum. Där finns bara nuet och de bjuder på små "flux". Allting händer på samma punkt och universum vibrerar i dessa ögonblick som vi kallar "flux" vilket skapar små förändringar och rörelser. Dessa förändringar och rörelser skapar en väv utan dimensioner och ändå är det just denna väv som ligger till grund för vår existens. Allt som jag hittills berättat om, dinosaurier, bakterier, artificiella schackdatorer och Elon Musk – alla finns de på den här punkten och att kalla den punkten för "nu" känns fel för oss som gärna ser tiden som en linje. Jag lägger till och med upp det som en linje i den här boken eftersom det blir enklare att förstå. Först Big Bang, sedan dinosaurier och nu artificiell intelligens. En linje och en tydlig riktning. Ändå är det faktiskt det mest korrekta att tänka sig tiden som en punkt. Ett enda nu som innehåller förändringar. Tid är svårt men behöver tas med i beräkningen om vi vill förstå universum och framför allt om vi vill ge oss ut på upptäcktsfärd där.

Det är enkelt att tro att Mars bara är ett jippo i den kontexten, men visst – den stödjer ursprungstanken som Carl Sagan hade att vår enda möjlighet att överleva som art är att bli multiplanetära varelser. Vi behöver ha en backup-planet i framtiden. Mars är i dagsläget det bästa (men extremt svåra) alternativet. Det finns forskare som hävdar att kolonisering även är möjlig på både Merkurius, Venus och Jupiter men det går nog att klassa som teoretiska visioner. Jag ser dock vinsterna i all utveckling och forskning som vi väljer att vika åt detta håll. Allting vi lär oss på det är av nytta för hela mänskligheten och våra möjligheter till överlevnad. Inget annat borde kanske egentligen vara viktigare. Vi behöver förr eller senare ta hand om en asteroid på kurs mot oss och en dag behöver vi lämna planeten för att säkerställa framtida generationer. Vi kan inte stanna här i evigheter. Vi kan inte ens stanna här en längre tid ur universums tideräkning, utan vi måste snabbt ta oss ifrån den här klippan som kallas Jorden då den bara är en temporär rastplats. En hållplats som snart försvinner. Men hur skall vi kunna göra det?

Jag ställer mig kluven till rymdfärder som går längre än vårt solsystem. Jag är kluven till hur vi skall klara de enorma avstånd vi pratar om här. Tusentals generationer på ett skepp. Närmaste stjärnan, Proxima Centauri, 4,37 ljusår bort, 80 000 år med farkost liknande Voyager. Närmaste galax, Andromeda ligger 180 000 ljusår bort. Det känns på något olyckligt sätt som att vi inte skulle klara resor som inbegriper generationer ombord på ett skepp. Just nu klarar vi nog inte heller det rent medicinskt, men det är bara en tidsfråga. Artificiell gravitation och bra strålningsskydd samt en djup insikt i näringslära och konflikthantering, ja då finns säkert några av de viktigaste saknade pusselbitarna på plats, men livet och människan är mer komplex än så. Jag har inte samma mål, drömmar och värderingar som den gruppen av människor som tog sig över Bab-el-Mandebsundet till den arabiska halvön för 60 000 år sedan. De är våra förfäder och utan dem hade jag inte suttit här och skrivit en bok. Även om jag kunde ta del av deras värderingar och mål med vandringen skulle jag inte kunna agera i deras intresse i något förutom överlevnad, och min överlevnad känner jag inte att jag kan koppla till dem. De dog för 60 000 år sedan.

Överlevnad är det enda som står emot tidens tand. Att skicka iväg en koloni med människor i tusentals år är överlevnad. Inget annat. Det för tanken till vad som skulle kunna få oss att spendera tid och resurser för att skicka ut mänskligheten i universum, mot okända mål.

Den största faktorn som talar emot att det skulle ske är kanske motivationen. Vi människor drivs alltid av någon grundläggande aspekt. Kärlek, pengar, religion eller överlevnad. Tänk kostnaden för att bygga ett enormt skepp som skall kunna hantera ett stort antal människor i många generationer. Vem skulle vilja finanseria det projektet när man vet att man aldrig får ta del av investeringen?

Här tror jag det krävs antingen religionsövertygelse eller ren och skär överlevnad, av nöden tvungen. Den senare inträffar troligen för sent. När vi väl inser att enda räddningen undan miljökatastrofen, smittan eller asteroiden är att bygga ett skepp och fly så är det med största sannolikhet redan för sent. Kvar finns religion som en drivkraft och den känns redan från början lite långsökt, men visst – det går säkert att vaska fram en anledning och en budget till att bygga en ny ark. Om det är enda hoppet så kan religionen äntligen och bokstavligen få vara det viktigaste som mänskligheten haft. Det som räddade oss undan helvetet. Amen.

Vi var jägare och samlare. Fronten fanns överallt. Vi begränsades bara av jorden, havet och himlen och en vägarna viskade av äventyr.

Vårt lilla jordklot var som ett dårhus bland hundra tusen miljoner världar. Vi, som inte ens kan sätta få ordning på vårt eget planetariska hem och var fylla av rivaliteter och hat; skulle vi ge oss ut i rymden?

När vi är redo att bosätta även de närmaste andra planetsystemen, kommer vi att ha förändrats. Så många generationers enkla liv kommer att ha förändrat oss. Nödvändigheten kommer att ha förändrat oss. Vi är en anpassningsbar art och det blir inte vi som når Alpha Centauri och de andra närliggande stjärnorna. Det kommer att vara en art väldigt lik oss, men med fler av våra styrkor och färre av våra svagheter. En mer självsäker art, mer långtgående, kapabel och försiktig sådan.

Trots alla våra misslyckanden och trots våra begränsningar och fel, är vi människor kapabla till storhet. Vilka nya underverk som vi inte drömt om i vår tid kommer vi att ha åstadkommit inom ytterligare en generation och en till efter det? Hur långt kommer våra nomadiska barnbarn att ha vandrat, i slutet av nästa århundrade och nästa årtusende?

Våra avlägsna ättlingar, kanske bosatta i många världar genom solsystemet och bortom, kommer att kunna förenas genom sitt gemensamma arv. Genom sin respekt för sin hemplanet och av vetskapen om att, vilket annat liv det än förekommer där ute, kommer de enda människorna i hela universum från jorden. De kommer att titta upp och anstränga sig för att hitta den blå pricken

på sin himmel. De kommer att förundras över hur
sårbar vår potential en gång var. Hur farlig vår
barndom blev och hur ödmjukt vi började. Hur
många floder vi var tvungna att korsa, innan vi
hittade vår väg.

Carl Sagan, Pale Blue Dot, (29)
(NASA/Public Domain, fritt översatt)

En resa med digitalt medvetande

Kanske ligger lösningen för att kunna migrera
till andra planeter och solsystem att vi först lär oss hur
vi kan digitalisera vårt medvetande. Hela processen
med att konvertera en människa till ett digitalt
medvetande är lösningen för mycket. Plötsligt öppnas
möjligheterna upp för interstellära resor till andra
galaxer. Vi kan sätta oss i en server ombord på en
rymdsond som inte behöver lastas med syre och
proviant och koldioxid-filter. Vi kan stängas av i
väntan på att rymdsonden skall åka sina 1400 ljusår
för att sedan startas upp igen när vi landat på en
planet som ser beboelig ut. Med en timer så har vi lärt

207

oss att göra ögonblickliga tidsresor. Väl framme vi en ny planet kan välja att skjuta in vårt medvetande i en cybernetisk kropp eller framodlade mänskliga kroppar, och vi har då en ljus framtid som kolonisatörer av universum. Med tanke på att vi lämnat vårt biologiska ursprung på den blå pricken i Vintergatan som kallas Jorden så behöver vi inte troligen inte åka speciellt långt för att hitta beboeliga planeter. Syre, vatten och temperatur blir sekundärt. Energitillgång och användbar materia tar oss långt.

Vi kan nå dit, men jag tror vi har ett stort filter framför oss. Vi måste klara oss igenom en tid av oreglerad artificiell intelligens. Det är vår tids stora utmaning som människor på den här planeten. Vi håller på att bygga ett Babels Torn och förhoppningsvis kan vi göra några mindre misstag och lära oss av dem, för att sedan skjuta in oss i historien och betydelsen igen.

Vi måste omdefiniera några värderingar om oss själva på vägen. Hur vi som människor är på väg att utvecklas. Evolutionen är inte längre en faktor i vår utveckling. Enligt *The Simborg Hypthesis*, från boken

"*What Comes After Homo Sapiens*", (30) så är det drygt 200 000 år kvar av evolution innan vi kan definieras som en ny ras, efter homosapiens. Vi har nog inte 200 000 år på den här planeten att låta evolutionen rädda oss från oss själva och en döende värld. Vi måste acceptera att vi snart kommer styra över vår egen evolution och att bli en digital varelse är troligen det enda som kan ta oss vidare från planeten. Vi måste då också tänka om kring liv och död och vi måste rama in meningen med allting. För någonstans börjar vi nog snart ana den vid horisonten. Meningen alltså. Sedan är det raksträcka mot tidens ände.

KAPITEL FEMTON:
MÄNNISKAN OCH BIOLOGIN

"Covid-19 är kanske det bästa som hänt oss".

Jonas, överläkaren jag jobbade tillsammans med i vaccinationsprojektet satt mittemot mig och kämpade hårt med att försöka förstå vad jag menade med det påståendet. Jag tror han väntade på resten av informationen som på något sätt skulle kunna omvandla det jag just sade till något osmakligt skämt om covid, men någon sådan förklaring kom aldrig. Jag försökte förklara hur jag egentligen menade men det fanns inte riktigt tid till det. Möten var snabba och agendan var alltid knökfulla med åtgärder för att ta oss an denna pandemi som hade landat i Sverige. Kanske går Jonas ännu omkring och undrar. Den där Ingemar, han är nog inte mentalt fullt utrustad. Då hoppas jag att du läser det här avsnittet Jonas. Förklaringen finns här. För faktum är att jag ända sedan covidutbrottet i mars 2020 tyckt att covid-19 kanske är den bästa pandemin som kunde drabba oss. Jag vet - det låter spetsigt, men låt mig få förklara. Jag har haft förmånen att få vara en liten del av vaccinationsprojektet i staden där jag bor, vilket har gjort att jag möjligen har fått en djupare insyn i virus, smittskydd och strategierna som vi valde för att värna om vår folkhälsa. Följande tankar och funderingar representerar såklart endast mig själv och inte min arbetsgivare eller någon annan gruppering.

Låt säga att vi befinner oss på en plats där vi egentligen inte vet hur man skall hantera en global och farlig smitta. Vi har inga lager och vi har glömt all viktig kunskap från spanska sjukan och smittkoppor. Vi lärde oss minimalt av svininfluensan och SARS som mest var något som det pratades om på TV. Hur skulle jag på enklast sätt öka hela världens kunskap och höja den globala säkerhetsnivån kring virus och pandemier? Hur skulle jag kunna få allas uppmärksamhet och verkligen lyssna på allvar? Jo med all säkerhet genom ett virus.

Konstruktionen av ett virus

Ett virus som måste vara så pass farligt att de kan döda en människa. Ingen skulle väckas ur sin vardagliga koma om det fanns ett virus som smittade men som inte var farligt. I de flesta fall så slår virus mot svaga människor och mot barn. Spanska sjukan var extra elakt mot unga människor. Det skulle jag till varje pris undvika. Jag vill ha ett virus som i största möjliga mån helt håller sig ifrån barn. Barnen är vår framtid. Någon kategori behöver offras för att det dödliga viruset skall få effekt och hur jag än vänder och vrider på det så är det till slut de riktigt gamla och sjuka som kommer få dra det korta strået i detta påhittade virus. De som ändå kanske har levt sina liv och som i jämförelse med unga friska barn blir ett givet val. Jag skulle inte ha gjort den maximalt luftburen eftersom skadan på det mänskliga samhället skulle bli alltför stort. Samtidigt vill jag inte heller att den skall vara 100% garanterad endast kontaktsmitta eller droppsmitta. Då blir det för enkelt att hantera. Det skall finnas några procents chans att den även kan smitta via luften. Jag vill även att det skall finnas en möjlighet till asymtomatisk smitta. Man skall aldrig kunna vara helt säker. Detta för att säkerhetsrutiner skall vara i gång. Dygnet runt och kring alla människor. Smittan skall inte heller dö ut snabbt och direkt utan jag vill att människorna skall bygga lager, rutiner och liv efter något som kommer bli långvarigt. Då finns mentaliteten, utrustningen och beredskapen på plats när vi verkligen behöver den. När en riktigt dödlig pandemi kommer.

Det är inte bara utrustning vi behövde bli bättre på. Vi behövde få göra misstag i strategier också. Ett exempel på ett sådant misstag är det som nu krupit fram i US som en medveten taktik. Hur de till en början av epidemin sade att munskydd inte hjälper. De visste antagligen redan då att munskydd såklart hjälper någon procent mot en befarad droppsmitta och alla små procent i skydd är bra procent, men alla var oroliga att munskydden skulle ta slut överallt, inklusive från sjukvården som verkligen behöver dem i det dagliga arbetet vilket vore ett skräckscenario. Tänk bara på alla operationer som skulle tvingas göras utan munskydd. Senare, när lagren hade verifierats och säkrats för sjukvården kunde man svänga i sina rekommendationer och påpeka att allmänheten, åtminstone på vissa platser med fördel kunde och borde använda munskydd. Sådana svängningar i informationen från instanser vars enda mål borde vara att ha folkets förtroende, skapar en mycket dålig situation. En bild av en statsapparat som spelar tärning. Ibland undrar jag om inte vi i Sverige egentligen valda samma strategi med tanke på även vi har svängt kring munskydd. Det är dock ingenting som vi har gått ut med. Det kan helt enkelt vara så att vi inte visste, eller att det blev någon form av prestige som var svår att backa på. Oavsett - det finns så många insikter att göra nu som vi kommer ha nytta av i många framtida situationer när det pratas om kommande smittsamma sjukdomar.

Så - tänk efter nu. En smitta som är farlig för gamla, droppsmitta, lite oklart om smittar via luft. Kanske asymtomatiskt och kommer vara kvar ett långt tag. Liknar det covid-19 tycker du? Det tycker jag också. I jämförelse med hur en elak pandemi skulle kunna vara så är detta nästan som om vi fick en övningsversion på ett virus. Vi var helt enkelt inte redo för en pandemi någonstans i världen och jag tror de flesta skulle hålla med mig i detta. Jämfört med många andra smittor känns covid-19 som något vi ändå kunde lära oss att hantera, trots att vi var så oförberedda. Det låter omoraliskt att säga så med tanke på alla nära och kära äldre släktingar som strukit med. Men förhoppningsvis håller alla med om att hellre de äldre än de yngre och faktum är att det flesta andra pandemier har varit tvärtom. De har slagit ut de yngre i första hand. De som inte haft ett liv bakom sig för att samla på sig motståndskraft mot viruset. Det interna kartoteket av byggstenar från tidigare sjukdomar som våra minnesceller använder när de försöka bygga upp vårt immunförsvar. Jag förstår att det låter hårt och brutalt med tanke att miljoner har dött. Att de i många land har grävts massgravar som fyllts med de som inte klarade covid-19. Men det går inte att jämföra med dödligheten och potentialen av virus som vi just nu, världen över, har i laboratorium och som vi hoppas aldrig släpps ut. De som verkligen skulle få covid-19 att upplevas som en förkylning i jämförelse. Varför har vi dem överhuvudtaget? Jo, för att lära oss om dem. "Know thy enemy". På forskningsspråk heter det "Gain of Function". Det finns ingen bra svensk översättning på det, men man forskar i funktion och konsekvens, kring muteringar och både naturliga och onaturliga utvecklingar av ett virus. För att kunna förbereda sig på det som naturen kastar fram nästa gång. Det är åtminstone grundtanken.

Nödvändigt skrämmande forskning

Låt mig få berätta lite om sådana virus. Året var 2011. Vi kunde då editera gener men det krävde då allra skarpaste forskarhjärnorna, tålamod, samarbete och det krävde de mest avancerade laboratorium som vi kunde bygga. H5N1 influensa, Det vi tidigare kallat fågelinfluensa. Det finns en version av denna som är riktigt elak och där smittan, precis som hos många andra virus gör sina hopp från vildfågel till tamfågel, vidare till gris och sedan via gris och till människa. Kombinationen flyttfåglar och lantbruk och djurhållning är en kombination som funkar varje gång i virusvärlden. Lyckligtvis är den versionen av H5N1 som jag pratar om nu inte lätt att smittas av. Det sista hoppet, från gris till människa, ja där behöver man kontakt med öppna sår eller slemhinnor mellan en människa och en smittad gris. Smitta via sår känns snällt mot tanken men de ni får själva tänka ut på vilka andra sätt vi skulle kunna bli smittade via slemhinnor från en gris. Inte några ofta förekommande händelser troligen och med andra ord en väldigt låg smittrisk. 50 personer har dött under senaste tio åren. Blixten dödar många, många fler om året.

Om du skulle bli smittad räknar vi med 60%
dödlighet. Ebola har 50%. 2011 två forskare (en i
Wisconsin och den andra i Holland) gav sig på att göra
en mer smittsam variant av H5N1. De lyckades och det
blev mer smittsamt än smittkoppor som har varit en av
våra värst smittsamma sjukdomar någonsin.

Frågan känns här helt självklar - varför i hela
fridens namn vill man försöka utveckla något som
skulle kunna slå ut hela världens befolkning.
Motargumentet, är att ingen får stå i vägen för
forskning och information behöver utvecklas och
spridas. En annan vinkel är såklart att som virolog är
detta den bästa metod för att hålla sig framför kurvan.
Framför en eventuell utveckling och på så sätt kunna
vara förberedd inför kommande och framtida elaka
virus. H5N1 ligger långt fram i många riskkalkyler
som en potentiellt kommande och återkommande
händelse. Dock, den variant som dessa två forskare tog
fram har näst intill obefintlig möjlighet att tillverkas
av naturen. Risken finns såklart, men oddsen är
väldigt små.

Chefen över USA:s biosäkerhetspanel Paul Keim (han som ibland refereras till som en av världen främsta mest mjältbrandsexpert) uttalade sig om den varianten som dessa två forskare tog fram av H5N1 som det absolut mest skrämmande virus som han hört talas om under hela hans karriär. Mjältbrand är ingenting i jämförelse mot H5N1. Det sade han alltså i Science i november 2011, (31), som för övrigt är en av de största vetenskapliga publikationerna världen över. Han klassade detta virus som ett verkligt hot mot hela mänskligheten om det skulle släppas ut. Vad är skrämmande med detta då? Det skapades i ett högklassigt säkerhetslaboratorium och "läckte inte ut". Det skapades inte av elaka människor var mål var att förgöra världen utan av riktiga forskare som inte vill något ont.

Personligen ser jag det inte som alls konstigt om covid-19 skulle vara tillverkad i laboratoriet i Wuhan. De har dokumenterat varit aktiva inom *"Gain of Function"*-forskning ända sedan SARS som även det var ett coronavirus. Jag skulle säga att det låg i Kinas intresse att fortsätta undersöka eventuella framtida varianter av coronavirus och på den vägen skulle covid-

19 ha framställts och sedan av misstag sluppit ut. Man får komma ihåg att det alltid är den mänskliga faktorn som vi måste ta hänsyn till. Jag tror ingen medvetet skulle ha släppt ut något som tillverkats i ett labb i Wuhan, vilket det mycket väl kan ha gjort. Oavsett så faller ingen skugga på Kina i mina ögon mer än vad alla andra laboratorier världen över håller på med. Kina hade sina fingrar i spelet i utvecklingen av covid-19, oavsett om det var ett labb eller en oreglerad djurmarknad. Så vad är det egentligen vi försöker göra rubriker av tänker jag ibland?

Forskning och "Gain of Function" utförs i regel på laboratorium så är klassade nivå 3 eller nivå 4. Virus har läckt från labb förut världen över, oftast från klass 3 labb, men det har även hänt att klass 4 har råkat släppa ut elaka experiment. Ett sådant exempel var spanska sjukan, en variant av H1N1 (en variant som vi senare kom att kalla svininfluensan) som härjade under början av nittonhundratalet, orsakade 100 miljoner dödsfall och sedan släpptes ut igen 1977 av ett labb i USA av misstag när de forskade i vaccin till H1N1.

219

En av de värsta och dödligaste pandemier som världen skådat var smittkoppor. 300 miljoner döda. Det viruset lyckades vi till slut stoppa och blev helt av med. På sjuttiotalet så råkade två laboratorium i UK släppa ut det viruset igen. Det första var 1972 då London School of Hygiene and Tropical Medicine råkade släppa lös denna best igen, och andra gången var 1978 när Birmingham School of Medicine råkade orsaka ett mindre utbrott.

Galna kosjukan fick vi dras med som en epidemi under 1990-talet men så dök den upp igen 2007 några kilometer ifrån ett nivå-4 laboratorium, återigen i UK och Pirbright. Det visade sig att dricksvattnet var kontaminerat av utsläpp från laboratoriet och att det innehöll virus, däribland galna kosjukan. Misstag kommer alltid att ske. Punkt slut. Den mänskliga faktorn kommer alltid vara ett skäl för oro, speciellt när vi pratat om forskning kring virus och något som potentiellt kan slå ut hela mänskligheten. Vi borde kanske fråga oss om vi verkligen skall hålla med virusforskning, men svaret kommer antagligen alltid att bli "Ja". Vem vill stå med byxorna nere vid en eventuell pandemi om viruset är helt okänt? Den etiska motiveringen till varför vi bör forska på virus är just detta. Förberedelser inför nästa elaka utbrott.

Det finns något annat som skrämmer mig, förutom den mänskliga faktorn och vår benägenhet att trots rigorösa säkerhetsrutiner ändå slarva och göra fel. Innan vi kommer dit måste jag först berätta om CRISPR som även det är en komponent i den perfekta stormen och även det en stor del av människans resa i det vi kallar "*Syntetisk Biologi*" (SynBio). Det är ett utvecklingsområde som ofta och kanske mer korrekt kallas "Bio Hacking". Det är nämligen egentligen inte något syntetiskt utan man använder metoder och tekniker som funnit på Jorden sedan liv uppstod på cellnivå i våra hav.

CRISPR och den lilla gensaxen

Namnet "CRISPR" är en akronym och står för "*Clustered Regularly Interspaced Short Palindromic Repeats*". Förenklat kan vi nöja oss med att det är bakteriers immunsystem mot virus. Det finns en kamp som pågått sedan urminnes tider och även om vi oftast ser dem som våra fiender och ibland även blandar ihop dem så är virus och har alltid varit, ett hot mot bakterier. Deras försvarsmekanism mot virus kallas CRISPR. Allt behöver vara lite förenklat här känner jag för att kunna fånga in dig som läsare och som kanske inte känner hur det vattnas i munnen när du läser om latinska namn och kemiska sekvenser. Vi nöjer oss med att beskriva CRISPR som en liten sax som klipper av DNA-strukturen hos inkräktarna. De bakterier som lyckas klippa av DNA på rätt ställe, och inkorporera den med sin egen DNA överlever och förökar sig vidare och vinner på så sätt det just det slaget.

Nu är det kanske någon riktigt insatt i CRISPR som tycker att jag göra lite väl grova förenklingar. Helt rätt, det blir grova penseldrag nu. Jag vill att de flesta skall fortsätta läsa, för strax kommer en insikt och något som jag skulle önska att alla människor visste om. Följderna av denna lilla genetiska sax. Detta är såklart en grov förenkling där vi för att vara stringenta och korrekta borde gå in på att beskriva hur den här saxen egentligen består av små RNA-stycken (tracrRNA) som hittar rätt ställe för klyvningen, en process som kräver både protein som kallas Csn1 och slutligen ett enzym vid namn endoribonukleas III

(RNaseIII). Jag tror att den nivån blir för ointressant för den stora skaran läsare. Jag väljer att säga "gensaxen" och att den klipper av dna-sekvenser.

Några ord kring DNA är också på sin plats innan vi drar igång detta. DNA är en nukleinsyra som är uppbyggd av två långa kedjor av nukleotider, men sammanfattat kan vi säga att DNA är en molekyl som innehåller ritningen till hur cellerna skall byggas ihop. Varje nukleotid kan sägas bestå av tre delar: en molekyl av sockerarten deoxiribos, en fosfatgrupp och en av de fyra kvävebaserna adenin (A), guanin (G), cytosin (C) och tymin (T). Kvävebasernas ordningsföljd i Dna-molekylen bestämmer uppbyggnaden av kroppens alla proteiner. Kombinationen av dessa bokstäver bestämmer om vi skall ha fingrar eller klor, två eller fyra ben, gälar eller lungor. De bestämmer även faktiskt även saker som beteende och mentalitet och vart leverfläckarna på armen skall placeras. Faktiskt hela din individ. Visst är det fascinerande att A, G, C och T i olika kombinationer på en ritning kan bli du?

Detta klippande av Dna-molekyler som en del av bakteriers immunförsvar har som sagt pågått sedan urminnes tider. Varje natt ute i våra stora världshav så pågår detta i den eviga kampen mellan de virus som kallas bakteriofager och havets alla bakterier. Dessa virus angriper bakterier och varje natt dödar det upp till 40% av alla bakterier ute i haven, innan klippandet har räddat de resterande och innan nästa dygn så har bakterierna vuxit sig starka igen. Det blir som andetag i en stor evolutionsprocess.

Jennifer Doudna var tillsammans med Emanuelle Charpentier nobelpristagarna i kemi 2020 just för sina upptäckter inom CRISPR. De upptäckte nämligen att man inte bara kunde styra vart man skulle klippa utan att man med hjälp av den här gensaxen även kunde klippa bort och ersätta sekvenser. En helt ny värld öppnades för dem och för hela mänskligheten. Man kunde skicka med information om vad klippet skulle ersättas med. Plötsligt blev gen-editering en helt ny framtid. Det som förut kostade miljoner och endast kunde utföras i högteknologiska laboratorium kunde nu utföras i vilken miljö som helst med lite bakteriologiska odlingar. Det blev möjligt att med stor precision välja ut önskade attribut i gener och byta ut dem mot något annat. Världen skulle aldrig mer bli sig lik. Man sade att detta fick man absolut inte använda på människor.

Det löftet bröts rätt tidigt av en kinesisk forskare vid namn He Jiankui som i sitt försök att göra världen kvitt HIV experimenterade på två små kinesiska flickor inför en chockad forskarvärld. Han editerade CCR5-genen och försökte ge dem dubbla kopior av en mutation som heter CCR5-A32. Det skulle göra dem immuna mot HIV. Tyvärr visade det sig sedan att en bieffekt av det också blir att man dubblar infektionsrisken för vanlig influensa. Han lyckades till hälften. Han lyckades ändra en av flickorna. Alla hennes celler hade editeringen medan den andra flickan tyvärr hade fått en riktigt trasig genuppsättningen på kuppen. Hennes genuppsättning hade blivit mosaik. Ungefär som när brunsåsen skär sig. Vi vet inte vilka effekter det kommer ha på henne och hennes liv. Den enda vetskapen vi har om sådant här är att oftast resulterar stora okontrollerade genediteringar i döden. Han försvann sedan spårlöst från Jordens yta och forskarvärlden fördömde det inträffade. Men Pandoras ask var bruten.

CRISPR var dock här för att stanna. Inom kort kunde man handla DYI CRISPR-kit från eBay där du kunde göra dina egna experiment i hemmamiljö. Ett sådant kit kostar allt från några hundra dollar till tusen dollar och innehåller allt du behöver för att ändra på dina gener. Oftast med ingenting som effekt även om det utlovar roliga effekter som självlysande fingrar och botemedel mot allehanda åkommor. BioHacking med CRISPR blev en stor grej. Sök på Youtube om ni vill se en bunt galna människor som i sitter hemma med benen i kors och injicerar sig själva med bakteriecocktails.

Där bland alla videor så kan ni råka snubbla på alla som även håller på med djur såsom möss och hundvalpar. Med hjälp av CRISPR och sekvenser från marina djur så går det att göra dessa husdjur självlysande. Det är dock inte för alla dessa galenskaper som Jennifer och Emanuelle vann nobelpriset. Tack vare CRISPR så är framtiden fylld av hopp om medicinska lösningar på svåra sjukdomar, cancer och ärftliga åkommor. Men det kommer till ett pris. Priset är i början människors galna och okontrollerade experiment som enligt gällande lagstiftning gör det tillåtet att editera sina egna gener. Det priset kommer vi få betala lite senare när vi upptäcker att vissa även råkat ändra lite på mer än de somatiska cellerna. Somatiskt är de som inte kan föras vidare i arvsanlag utan endast har med din nu levande kropp att göra. CRISPR kan helt utan några som helst hinder även ändra på könsceller och de celler som förs vidare till nästa generation.

Det är en utmaning som jag är övertygad om att vi har i vår morgondag. Detta inte enbart av hemma-experiment utan även med utstuderad geneditering i samband med exempelvis befruktning. Att kunna välja både utseende och anlag i sitt planerade barn är ett scenario som redan knackat på dörren. Det enda som hindrar det från att ske i stor skala är etik och moral, men jag är övertygad om att det finns alternativ redan idag. Och jag är övertygad om att vi gör misstag här. Det är nämligen så mycket mer komplext än vad vi har säker vetenskap för. Det som tillåter ditt barn att kunna drabbas av en autoimmun sjukdom kan mycket

227

väl vara en sekvens som även hänger ihop med allt från fräknar och lång näsa till immunförsvar eller fruktsamhet. Det är enligt forskare vanligt att sekvenser har ett flertal olika betydelser för konstruktionen av din kropp och dina system. De flesta har ett tiotal olika betydelser och ibland upp till ett hundratal. Idag befinner vi oss ännu i ett lotteri. Det enda vi egentligen har upptäckt är hur enkelt det är att skriva om våra gener. Utan att riktigt förstå alla konsekvenser.

Innan vi lämnar begreppet CRISPR och Cas9 så vill jag bara nämna att detta är ett sådant stort ämne som i sig självt måste räknas till upptäckter av samma kategori som atomklyvning eller penicillin om inte större. Det kan rädda oss från sjukdomar som exempelvis elaka dödliga muskelsjukdomar som drabbar våra barn och som gör att de måste få hjälp med att andas när de kommer upp i tonåren för att sedan dö några år senare. Alla sjukdomar som är styrda av gener kan försvinna för gott med den här tekniken. Det är gigantiskt. Det diskuteras idag även att det skulle kunna gå att använda CRISPR till sådant som kanske inte i första hand är genetiska sjukdomar, men där modifierade bakterier skulle kunna göra storverk. Ett exempel på detta är insulingenererande bakterier. Det är inget påhitt utan något som just nu ligger på utredningsbordet. Eller som att det talas om att CRISPR kan vara nyckeln för att lösa hela donationsfrågan. Ett grishjärta skulle nämligen kunna fungera alldeles optimalt för att transplantera in i en människa. Det har rätt storlek och den genetiska skillnaden är minimal. Även den lilla skillnaden skulle man förvisso kunna lösa med editering redan idag, men problemet är att grisar bär omkring på så många olika retrovirus att det inte är tänkbart att planeterna in en sådan källa i en människokropp. Med CRISPR kan vi rensa organ från sådant och vips så har vi löst upp donationsköerna för de som desperat behöver.

Jag försöker läsa så mycket jag kan i ämnet får ändå hela tiden dessa "wow"-upplevelser levererade till min hjärna i en strid ström. På samma sätt öppnar det upp Pandoras ask när det gäller allt som kan gå snett. Om du kan editera dina kommande barn, blir plötsligt valet att inte ge dina barn optimala förutsättningar något som ligger på föräldrarnas ansvar. Med optimala förutsättningar så menar jag exempelvis anlag som kan leda till komplikationer. Rött hår och fräknar är vackert i mångas ögon men ökar risken för cancer. Allt som händer och som kan kopplas till genetik blir föräldrarnas ansvar. -"*Mamma, varför valde du inte bort mitt hjärtfel*" eller "*Pappa, hur tänkte ni när ni tyckte att jag kunde få leva med psoriasis?*". Editerar vi bort sjukdomar så editerar vi snart även andra anlag som undermåliga muskler eller ofördelaktigt utseende. Vi riskerar att skapa ett A-lag som är starkare, vackrare, smartare och mer lämplig för arbetsmarknaden, och sedan ett B-lag som inte hade råd att ändra på sina barn och deras kommande generationer. Jennifer Doudna, nobelpristagaren själv har skrivit en bok om detta efter att hon insåg vad hon hade skapat, precis som skaparen till atombomben så drabbades hon av samma skuld till mänskligheten. Hon jämför faktiskt sin upptäckt med just atombomben i sin bok. Hon inser att CRISPR kommer att användas på alla nivåer, från hobbyverksamhet och jämställt med att brygga sitt eget öl till stora erkända laboratorium. Vill ni veta mer om CRISPR så rekommenderar jag att ni läser den boken. Den kommer direkt från hjärnan som upptäckte CRISPR och det går inte att hitta en bättre källa till insikt och förståelse. Boken heter "*Sprickan i skapelsen - Gensaxen*", (32), och är enkel att få tag på, även på svenska.

Tillbaka till virus och dagens laboratorium. Problemet är att det som krävde så mycket 2011 kan göra radikalt enklare och billigare idag, tack vare CRISPR. Det kanske var två personer som kunde göra det 2011, men lågt räknat så finns det flera hundratals människor som skulle kunna göra exakt samma i dagens värld, med dagens teknik. Det som de gjorde var att ändra lite i en gensekvens som för ett virus som H5N1 är ca 10 000 tecken lång. 10 000 bokstäver om du så vill men I gen-alfabetet finns endast fyra bokstäver (A, G, C och T). 10 000 bokstäver är visuellt ungefär 7st A4. Ändringarna som gjordes i den koden får allihop plats på en liten post-it-lapp.

En rädsla här är såklart att någonstans i vår digitala tidsålder så finns en 10 000 tecken lång sekvens som i felaktiga händer är en garanterad nära utrotning av mänskligheten. På samma sätt som ett kärnvapenkrig skulle vara, men angreppsytan för detta, jag pratar om rudimentär hackning, är betydligt större. Knappt jämförbar.

Det mänskliga genprojektet - "*Human Genome Project*". Ett projekt som löpte under 13 års tid under nittiotalet. Det kostade 3 miljarder dollar och till skillnad från ett virus med sina 10 000 tecken långa kod så innehåller en människas kod 3,2 miljarder tecken. (A, G, C och T). Det blev klart 2003 och var i forskarvärlden väl investerade pengar. Vi hade för första gången lyckats kartlägga en enda människas totala genuppsättning. Detta är ändå hyfsat närtid. Det är inte som när Marie Curie upptäckte grundämnen och radioaktivitet i början av nittonhundratalet, utan detta får ändå betecknas som modern forskning.

Idag. Drygt tjugo år senare, kostar detta $599, tar ungefär åtta timmar processortid och några minuter av en labbtekniker för att starta processen. Det är en priskompression på sex miljoner gånger. Det som jag försöker säga här är att en smart student med korrekt programvara kan på några timmar göra exakt samma sak som det tog stora delar av världens bioforskarelit 13 år att göra.

Om vi följer tanken i samma riktning, det som de två forskarna gjorde med H5N1 i Wisconsin och Holland 2011 är nog bara en tidsfråga innan det går att replikera på gymnasienivå. Låt säga att en påhittad kvinnlig forskare i en mycket mindre säker miljö om ytterligare fem år sitter och leker med gensekvenser i sitt försök att lära sig om smittsamma virus. Hon har alla förutsättningar för att skapa sekvensen till virus som skulle kunna utplåna hela mänskligheten.

Nyckeln ligger egentligen inte enbart i vare sig smittsamhet eller dödlighet utan det är inkubationstiden som är nyckeln till att överlista människorna. Skapar man ett dödligt och smittsamt virus som har en symtomfri inkubationstid på säg tio månader så är det definitivt game over för oss. Se bara på hur snabbt covid-19 blev en ostoppbar pandemi. Att vi överhuvudtaget hade en chans att ta fram vaccin var att vi kunde börja jobba med gensekvensen och vaccinframtagningen från de första fallen i Kina. Med en längre inkubationstid minskar våra chanser att hinna upptäcka smittan och ett eventuellt vaccin innan det är alldeles för sent.

Det enda som är farligt när man skapar den här sekvensen är om den skulle bli stulen och på något sätt hamna på ett viruslaboratorium som styrs av människor med dåliga och elaka planer. Om fem år kommer det fortfarande vara riktigt svårt att omsätta den digitala sekvensen till någon biologiskt, ett virus. Men filen kommer antagligen att spridas och blandas med bittorrents, ABBA-låtar och ritningar på drogkokare på Darkweb. Det ställer ändå inte till någon stor skada just där och då.

Visst, med CRISPR tekniken så kan du i teorin redan idag beställa syntetiskt DNA genom att via en webbsida ansöka om att få exakt den koden du anger utskriven och skickad till dig. Det görs med hjälp av det vi kan kalla för syntetiska DNA skrivare där du kan mata in vilken önskvärd kod du vill och ut kommer resultatet och tvärtom. De används idag till exempelvis cancerforskning, vilket är något vi behöver titta närmare på senare, men dessa företag har även fått ett enormt stort nytt uppdrag i alla CRISPR-beställningar som ramlar in till alla laboratorier med DNA skrivare.

Men om någon nu idag har en elak kod som skulle kunna användas för att skapa en elak sekvens i ett Virus-DNA? Går det inte att skicka in den och få en blåkopia av det viruset idag? Nja, vi stöter på några problem här idag. För det första så har alla seriösa laboratorier idag som erbjuder den här tjänsten, som förvisso är öppen för alla att använda, en screening på den koden du vill köpa. De screenar efter farliga editeringar, editeringar på könsceller och sekvenser som påminner om alla kända virus-DNA. Det är ett just screeningen som faktiskt drar upp kostnaden för dessa beställningar. Det kostar mycket datorkraft och tid att screena alla beställningar som görs. Men, tyvärr är det inte alla laboratorier för utför den här screeningen. De som vill hålla sig konkurrenskraftiga sänker priset genom att skära ner på screeningen eller i värsta fall, helt skippa den.

Lyckligtvis så är det fortfarande väldigt, väldigt svårt att göra något av en beställning med syntetiskt DNA. Det kräver fortfarande avancerad teknik och hög utbildning för att kunna använda syntetiskt utskrivet DNA i en process där man tvångsreplikerar biologiskt DNA och visar upp den syntetiska versionen som mall, och på så sätt skapar ett riktigt virus. Svårt men inte omöjligt.

I början av 2000-talet så började vi forska på dessa DNA-skrivare, gen-skrivare och protein-skrivare. Det finns många namn och versioner av dessa. Nu finns de tillgängliga i den medicinska laboratorievärlden och även om de är hyfsat enkla och troligen i dagens läge inte kan användas för att skriva ut ett aktivt virus så pratar vi inte OM det blir möjligt, utan rent logiskt om NÄR. Ett virus lever egentligen inte utan kan förenklat liknas vid biologisk mekanik med förprogrammerade handlingar. Virus är ett föremål för djupa existentiella diskussioner eftersom det verkar ha ett mål och ett syfte, och ändå går det inte att säga att virus egentligen är är liv. Filosofiskt så är virus den biologiska världens små robotar. De är en bunt instruktioner och väntar på att hamna i rätt miljö för att kunna utföra dem. Hur blev det så? Varför? Vem tjänar egentligen på det? Det kan inte ens Rickard Dawkins svara på, författaren till "The Selfish Gene",

(33), som så brilliant i sin bok förklarar hur egentligen varje cell har en strävan och ett mål. Eftersom det är liv. Virus - nej det är något annat. En kapsel med en inprogrammerad strävan, men utan en mening eller syfte som går att förklara. Mer om detta i kapitlet om vad som egentligen definierar liv.

Jag tror att det som fattas är egentligen bara en fråga om exponentiell teknikutveckling. Vi pratar antagligen inte bara några år bort, men vi pratar inte heller århundraden. Vi kanske pratar max 25 år om jag skall gissa på när du kan skriva in DNA-sekvenser och få ut äkta biologiskt material. När det händer? Ja, då är det kanske dags för den perfekta stormen. För vem skulle kunna hindra den här utvecklingen? I dagsläget forskar vi på virus för att bli duktigare och lära oss mer och vi står inför medicinska revolutioner tack vare en kommande CRISPR-teknik som tillåter oss att klippa bort de mest oönskade genetiska sjukdomarna från oss.

Jag ser CRISPR i sig själv som något stort. En av de största insikterna i modern tid. Om du inte håller med så vänta med svaret. Om tio år misstänker jag att det kommer bli så uppenbart när vi har editerat loss

237

ordentligt. Både kring sjukdomar och hur vi människor bör fungera och se ut. Det finns ingenting som kan stoppa den utvecklingen eftersom den innehåller så många bra ting. Flera miljoner människor för årligen av malaria. Det är en CRISPR-modifiering bort. Lösningen finns redan på bordet. Vi kan ta editera genen som gör att myggor sprider malaria, och vi bygger då in en gen-motor, "gene drive" på engelska, som gör att alla myggans avkommor 100% får just det arvsanlaget. Inom loppet av endast någon generation myggor har vi ändrat på hela världens myggor. Så kraftigt är det. Och precis så farligt kan det också vara om vi gör misstag eller om det skulle användas på fel sätt. Om CRISPR skulle förbjudas på någon plats kommer det alltid finnas andra länder som tillåter det och då hamnar vi i en situation där ett land får en stor makt. Det kommer inte tillåtas, utan leder till antingen krig eller att alla får hålla på med CRISPR. Kanske inte helt olikt den situationen vi har idag kring kärnvapen. Skillnaden är väl att detta ändå kommer att kunna göras billigt och i skymundan. CRISPR är här för att stanna och för att förändra.

Hur vi än kommer att sköta CRISPR så är effekterna någon som är långsiktiga. Editeringar i våra gener, rätt eller fel, kommer visa sig i kommande generationer. Långt fram. Om vi i stället ser till hur vi forskar och hanterar virus i nuläget på vår planet. Där har vi något som vi behöver prata om. Vi behöver, på alla nivåer i alla samhällen, prata mer om virus och framtiden. Speciellt eftersom CRISPR nu finns. Virusforskning tillsammans med tekniken från CRISPR är en liten "Bygg din egen atombomb"-låda för hobbyentusiasten, vilket ändå kanske är det mindre troliga scenariot. Den mer överhängande är kanske framtiden krigsarsenal utökas exponentiellt med en ny våg av biologisk krigsföring. Ett virus som slår ut alla som inte många år tidigare vaccinerats med ett visst vaccin. Ett virus som bara angriper en viss hudfärg eller nedärvda genetiska härkomst-markörer. Allt detta är fullt möjligt med den tekniken som CRISPR nu så billigt och relativt enkelt erbjuder. Det är inte alls långt bort. Vi pratar inte generationer bort. Vi pratar kanske decennium.

Jag sätter mitt hopp till människan här. Att vi pratar om utvecklingen inom SynBio. Att vi förstår vägen framför oss, även om vi inte jobbar inom det medicinska området eller är forskare. Detta kommer strax att handla om alla, det finns ingen tvekan om det. För dem som gillar högtravande omskrivningar med religiösa anspråk går situationen att beskriva som att vi står inför steget att göra oss själva till gudar med kraften att kunna ändra och editera vår avbild. Med makten att kunna förändra vår egen ras och biologi, och vår framtid. Först skall vi bara öva oss lite på alla gulliga, snart självlysande, djur omkring oss.

Läs böcker om det. Motivera dina barn att göra skolarbeten om detta. Öka synligheten och förståelsen och satsa allt på att vår moral och etik någonstans kommer att vara vägvisaren för vad som blir rätt och fel i en värld där vi kan justera livet med bokstäverna A, G, C och T.

I en framtid inte alltför långt bort kommer vi behöva tänka till både en och två gånger när vi kommer till att ändra på vår ålder kopplat till cancer. Jag tror att CRISPR kommer vara här och röra om i grytan fortare än vad som kan vara nyttigt. Ålder är något som ibland känns så uppenbart och självklart för många att vi bör sträva efter att förlänga. Det är egentligen lång ifrån självklart. Bortsett från de psykologiska aspekterna om att vi rent psykologiskt antagligen inte kan hantera ett riktigt långt liv utan att tappa värdet av livet, behöver vi även tänka igenom om vi är beredda att offra vår arts egen överlevnadsförmåga för att lyckas.

Det är nämligen så att samma evolutionära superkraft som kunde ändra våra förfäder och ställa om våra genetiska förutsättningar för ett liv under jord i praktiken även är samma motor som gör att vi till slut får cancer och dör (34). Enkelt och simpelt förklarat. Alla får förr eller senare cancer, men många hinner dö innan. Cancer har funnit med oss sedan tiderna begynnelse men vi har egentligen inte upptäckt det under de tidiga åren eftersom medellivslängden var för låg för att cancer skulle synas. Det i kombination med att vi nu lever i en värld där vi exponeras av fler cancerogena ämnen. Ämnen som retar vår inbyggda funktion att laga och fixa något som uppfattas som ett hot av kropp och immunförsvar. Vid varje lagning och reparation som kroppen gör när den bygger celler finns chansen att den inte bygger helt enligt ritning. Det blir

241

något annat. Vi kallar det en cysta om den inte innehåller blodomlopp och blivit en del av viktiga funktioner. Annars heter det tumör, är svårare att ta bort och kan bli hotande för våra livsuppehållande funktioner. Ur ett evolutionsperspektiv är detta exakt enligt plan. Det skapar en biodiversitet över tid och det som visade sig vara ogynnsamt för en individ kan visa sig vara gynnsamt för en annan med lite biologiska skillnader. Mutationer är oftast dåligt och kallas defekter, men ibland träffar evolutionen rätt och det blir till en fördel som leder till att den individen får all mat, all uppmärksamhet och alla parningstillfällen.

Om vi botar cancer som idag, genom strålning, immunterapi, operation eller cytostatika, riskerar vi ingenting. Då botar vi förhoppningsvis individen från evolutionens konstruktionsfel. Väljer vi däremot att bota cancer med hjälp av genetik kan det slå tillbaka på fel sätt. Vi kan öppna upp för att vi skapar generationer med nedsatt evolutionsförmåga. Generationer av individer som lever länge, men som över tid blir sårbara eftersom de inte kan utvecklas i takt med sin omgivning. Det är precis den här forskningen som händer nu på många genetiska

laboratorier. Det går möjligen att hävda att vi
människor tack vara vår tekniska utveckling ändå har
lämnat evolutionens betydelse, men vi kan komma att
behöva vår superkraft som evolutionskonstnär fler
gånger. Det finns antagligen inte rätt och fel i den här
frågan. Vi behöver bara vara medvetna om att allt inte
är uppdelat i bra och dåligt. Genom att editera bort det
som är dåligt kan vi råka ta bort något av det som är
bra också.

KAPITEL SEXTON:
MÄNNISKAN OCH LIVET

Har du någonsin funderat på vad liv egentligen är? Vad skiljer igelkotten, mossan och stenen? Ur tidigare resonemang går det att fortsätta följa spåret kring att celler någonstans räknas som liv. Det finns en tydlig definition inom biologin för vad som betraktas som liv. Gemensamma drag som karaktäriserar och definierar biologiskt liv såsom reproduktion, nedärvning, reaktion på yttre stimuli samt ämnesomsättning. Något som uppvisar alla dessa definieras inom biologin som liv. Igelkotten och mossan har alla dessa egenskaper men stenen förblir något som inte är liv. Vi hade antagligen gjort samma antagande om vi hade räknat celler. Den minsta biologiska enheten för allt liv på Jorden och som delas av alla växter, svampar och flercelliga organismer med eukaryota celler.

Religioner har i alla tider erbjudit en förklaring till frågeställningen hur liv uppstår. En beskrivning för hur liv uppstår kommer från den svenska folkbibeln från 2015 där vi hittar följande i Johannes 1:4

I begynnelsen var Ordet, och Ordet var hos Gud, och Ordet var Gud. Han var i begynnelsen hos Gud. Allt blev till genom honom, och utan honom blev ingenting till av det som är till. I honom var liv, och livet var människornas ljus. Och ljuset lyser i mörkret, och mörkret har inte övervunnit det.

Det är inte svårt att tolka det som att liv och ljus på något sätt hänger ihop och faktum är att även forskningen har kunnat visa upp ett samband här som ännu inte på något vettigt sätt har kunnat förklaras. När ett mänskligt ägg befruktas av en spermie sker ett litet ljusfenomen som omger ägget under en bråkdel av en sekund. Förklaringarna som finns är att det ser ut som att det blir en kemisk händelse precis när spermien bryter ägget och att ägget släpper en mängd zink vid befruktningsögonblicket. Möjligen skulle det ljusfenomen som uppfattas av digitala kameror kunna bero på det, men högst oklart. Oavsett lockar det tanken. Ljus uppstår när liv uppstår eller om det kanske är tvärtom?

Jag är någonstans förvånad över att vi ännu idag behåller definitionen av liv efter att vi upptäckt och förstått virus. Definitionen av liv borde rimligen ha lagts åt sidan i väntan på en uppdaterad version. Virus är nämligen något från gränslandet mellan död och levande och inte helt olikt hur en maskin egentligen. Virus har enligt oss inget medvetande, men uppfyller ändå vissa eller alla krav på liv, beroende på hur man väljer att tolka det. Virus förökar sig uppenbarligen men inte enligt vår definition av fortplantning eftersom det använder en värdorganism för reproduktionen. Det verkar sakna en ämnesomsättning vilket är det starkaste argumenten till att virus inte är liv, men aktualiserar snarare frågan om livets definitioner. Det "dör" först när vi plockar isär delarna, men skulle vi återmontera viruset blir det aktivt igen. Vi sträcker oss i dagens läge till att definiera virus som en parasit eftersom den kräver en cell för att kunna föröka sig, men vi kallar det inte liv. En parasit-maskin som bor i landet mellan liv och död och med en okänd agenda och målsättning. För eftersom den inte är levande så kan

den rimligen inte ha ett medvetande? Den bästa
sammanfattningen vi kan göra just nu är att naturen
inte bryr sig om våra etiketter för liv och icke-liv.
Speciellt virus som bara bryr sig om att vara virus.

Vart bör vi rimligen då dra gränsen för
medvetande? Här har vi inte alltid som människor
varit ense om ett tydligt svar. För inte länge sedan var
människan ännu den enda varelsen som ansågs vara
medveten. Att alla djur endast löd under instinkter och
någon form av programmering. Att de saknade en "själ"
och att medvetenhet på något sätt var förknippat med
denna mystiska ingrediens som kallades "själ". Idag
har många fått tänka om kring medvetenheten. Vi vet
att djur i allra högsta grad är medvetna och vi vet att
medvetandet inte är något binärt med en tydlig gräns
någonstans i det biologiska art-trädet. Det är en
gradvis ökande egenskap som börjar på allra lägsta
nivå. Annaka Harris, författaren till boken "Conscious",
(35), beskriver medvetande som något som inte bara
landar på cellnivå utan som något betydligt mer
fundamentalt. Som om det vore en del av universums
byggstenar och hon är varken först eller ensam med
den tanken. Det är inget "New Age" över resonemanget

247

utan kan spåras så långt tillbaka som 1931 och den nobelprisvinnande kvantfysikern Max Planck som sade:

Jag ser medvetandet som grundläggande. Jag betraktar materia som härledd från medvetande. Vi kan inte hamna bortom medvetandet.

Allt vi pratar om, allt som vi betraktar som existerande, postulerar medvetande.

Även den danska atomfysikern och Nobelprisvinnaren 1922, kvantmekanikens fader och dessutom en av 1900-talets främsta forskare, Nils Bohr (1885 – 1962), skulle hävda att allt består av något annat i grunden. En av de första svåra tankenötterna som vi springer på inom kvantfysiken sammanfattas enligt Nils själv så här:

Allt vi kallar verkligt är gjort av saker som inte kan betecknas som verkliga.

Efter en kort inblick i kvantmekanik tvingas vetenskapen släppa och omstrukturera många begrepp, inklusive delar av materialismen såsom att allt är materia. Det finns andra faktorer i spel på den här nivån.

Om vi följer Nils och Planck's riktning i tanker så hamnar vi förr eller senare med slutsatsen att vår hjärna inte är producenten av medvetande, utan snarare en mottagare av den. Vi behöver kanske göra oss själva en tjänst genom att på egen kammare försöka utveckla detta i tanken. Kanske är allt omkring dig en sorts medvetenhet och enda skillnader är din kapacitet att kunna behandla och processa den.

Vår hjärna är den just nu kraftigaste mottagaren och känner en betydligt större medvetenhet än igelkotten och ljusår ifrån mossan, men ändå är vi alla en och samma, bara i olika hastigheter. Kan virus ha medvetande? Ja, jag skulle vilja svara ja på den, men utan att kunna förklara varför. Stenen då? Jag har fortfarande svårt där. Som om jag, min hjärna och mitt resonemang, vägrar att idén om att celler måste vara inblandade för att medvetenhet skall kunna diskuteras, Planck och Harris till trots. De hävdar att medvetandet finns på en mer fundamental partikelnivå. men enligt det resonemanget faller även virus bort.

Vi måste först reda ut tre begrepp. Medvetande, Liv och till sist Individ. Vi blandar ofta ihop dessa begrepp och tänker att de som minsta gemensamma nämnare åtminstone hör ihop, men troligen även är samma sak. Vi måste antagligen värma upp tanken med att det faktiskt inte stämmer. Kan något vara medvetet även om vi inte klassar det som liv? Allt fler röster talar för det och bland dem, de främsta forskarna inom fysik, kvantmekanik och neurologi.

Den är svår att acceptera. Åtminstone var det så för mig. Liv är nästa koncept som du behöver välja uppfattning om. Vad består liv av? Det tre alternativen är:

Alternativ ett: Liv är helt skiljt från materia och partiklar. Det är antagligen en teori som öppnar upp för många av våra världsreligioner, men det går inte att resonera sig vidare härifrån. Skulle vi säga att medvetande och liv är samma sak och hävda att Nils Bohr och Max Planck även pratar om begreppet liv hamnar vi fort i svåra frågor. Då är allt liv. Människan, igelkotten, viruset och även stenen. Om liv är något som inte kan härledas från materia, men som likväl animerar materia genom processer som inte existerar, ja då är vi inne på magi eller gudarnas domän. Helt otroligt är det dock inte och vi kan inte avskriva den helt. Återigen – kvantfysiken handlar om ting som inte är verkliga som i allra högsta grad påverkar riktigt materia och det finns ingen som någonsin kan lyckas med att bevisa att något inte existerar. Det vet vi efter tusentals år med sammanlagt 3000 olika gudar från knappa dussinet världsreligioner.

Alternativ två: Liv finns i varje partikel eller några specifika partiklar. Fram till 1800-talet var det en allmän uppfattning att alla ämnen kunde delas in i organiska ämnen, de som bildade liv, samt de oorganiska ämnena. De icke levande tingens material. Sedan kom kemisten Friedrich Wöhler (1800 - 1882) och bevisade genom experiment som återskapats oräkneliga gånger att alla ting, både levande och döda, innehåller samma material. Det fanns efter Wöhler ingen kemisk skillnad mellan det levande och det icke-levande. Liv bestod antingen av något annat, eller så innehöll allting liv. Det var de enda två alternativen kvar och gissningsvis var det enklare att ge upp och låta livet bestå av något annat än materia och partiklar eftersom det här alternativet landar i att alla partiklar är liv.

Alternativ tre: Liv är en framträdande egenskap (emergent properties). Liksom vatten framträder när du binder ihop två väteatomer och en syreatom. Livet är en icke-materiellt resultat av en materiaförening. Det här funkar och rimmar kanske bäst med allmänhetens uppfattning om liv. Émile

Durkheim kan också vara något på spåren i frågan. Han skrev "The Rules of Sociological Methods", (36), och beskrev följande tes kring ämnet framväxande egenskaper (eng. Emergent Properties):

När element kombineras och fenomen uppstår, är det uppenbart att fenomenet inte ingår i elementen, utan i totalen av var elementen formar. Den levande cellen innehåller endast mineraler, precis som samhället innehåller endast individer.

I den tankeriktningen hittar vi att liv inte existerar i atomer såsom väte, syre, kol och kväve. Att liv i stället finns i summan och inte i komponenterna. Du kan studera väte och syre på var sitt håll i evighet, utan att någonsin förstå känslan av vatten. Slår vi ihop Wöhler och Durkheim hittar vi ursprunget till definitionen av liv som antagligen ännu lever kvar. Att liv är en effekt av något som går att härleda till en partikelnivå, men som ändå inte går att upptäcka någon annanstans än i effekten. Vi tenderar att tycka att det här alternativet känns som en skonsam kompromiss. Något vi nästan förstår men kanske inte behöver kunna i detalj. Liv kan dyka upp ibland i kombinationen av partiklar, men vi ännu inte skapa liv genom att kombinera partiklarna. Vi vet vad som ingår i en cell men kan ännu idag inte skapa celler på syntetisk väg. Det gäller även för virus, för även om tre forskare redan 2002 lyckades bygga ihop ett fungerande poliovirus (37) genom att hämta DNA från en genetisk databas och framställa arvsmassan syntetiskt. De var ändå tvungna att använda ribosomer som tillverkas av levande celler för att kunna bygga virushöljet (38). Att livet på något sätt är kopplat till höljet gäller även för celler. Vi vet helt enkelt inte bara hur liv aktiveras.

Eftersom det inte finns någon konkret definition på vare sig medvetande eller liv behöver vi välja för att kunna förstå. Är stenen med för att den innehåller partiklar eller drar vi gränsen vid liv, där mossan enligt biologin är väldefinierad som liv eftersom den

exempelvis kan reproducera sig och har metabolism?
Kanske är medvetande helt enkelt är något som har
med universums vävnad och struktur att göra och liv
är något som bara existerar på detaljnivån? Just nu,
för att vi skall kunna gå vidare i boken väljer vi att se
liv som en effekt av något. Åtminstone för att kunna
förstå vår roll och vår lilla stund på Jorden.
Medvetande är antagligen mer än bara celler och
människor. Det är träden omkring oss, svamparna
under oss som sätter i träden i förbindelse med
varandra och det är alla djuren som krälar, springer
och simmar omkring oss. Alla med sin egen agenda och
målsättningar. Så mycket kan vi nog vara överens om,
men vi stänger inga dörrar. Fler och fler forskare
verkar övertygas om att medvetande finns överallt
eftersom bevisen pekar på det. Den största skillnaden
verkar ha med hastighet att göra. Träden pratar med
varandra, men enligt våra mått så sakta att vi knappt
skulle kalla det för kommunikation.

Kommer vi att kunna lära oss att simulera liv
och ett medvetande? Absolut kommer vi kunna lära oss
det. Det framstår med all tydlighet i alla liknande fall
att skapandet är svårare än simulerandet och i just det

här fallet är simulerandet lösningen eftersom tekniken gör skapandet fullständigt onödigt. Simulering med teknikens hjälp är skapande. Aldrig har genvägen varit så brilliant och lätt.

Vi är ännu inte riktigt klara med definitionerna. Finns det ett eller flera medvetande? Det är kanske lätt att fastna i att ditt medvetande är skiljt från mitt medvetande, men det värt att utmana den bilden genom att fråga sig om vi kanske blandar ihop begreppet medvetande med begreppet individ. Att vi kanske ändå är dessa mottagare av ett medvetande som är större än individen som är jag. Alldeles strax skall vi tala om livets motsats – döden – och även där fungerar begreppet att vi är mottagarna av medvetande, inte sändarna. Individ däremot är något som kopplas till oss och alla våra psykologiska egenskaper och markörer.

Det finns en kunskap kring hur vi människor fungerar kopplat till begreppet individ som vi av någon anledning nästan tycks ha glömt bort. Det var mer uppenbart i forna tiders barnuppfostran än i dagsläget. Vi har gått från att vara våra barns herdar till att kläs oss i rollen som deras skapare och ingenjörer och det är felaktigt. Dr. Russel Barkley, klinisk psykolog och klinisk professor vid Virginia Commonwealth University har skrivit många böcker och rapporter inom området för ADHD. En av hans starkaste lärdomar innehåller hur vi skall se på vår roll som föräldrar till våra barn. Som herdar och inte ingenjörer (Ur *12 Principles For Raising a Child with ADHD*), (39).

Dina barn föds med över 400 psykologiska egenskaper som kommer framträda när de blir äldre och ingen av dessa har någonting med dig att göra. Allt kommer från den genetiska mosaik som utgör din utökade familj. Varken naturen eller evolutionen skulle någonsin tillåta att du som förälder har någon som helst makt i designen av ditt barn. Det finns ingenting i naturen och i alla dess riken som någonsin har öppnat upp för att den förra generationen är ansvarig för designen av nästa generation. Har aldrig hänt och kommer aldrig att hända, speciellt inte för oss människor.

257

Ändå luras vi ibland att tro att så är fallet. Om jag spelar Mozart för mitt ofödda barn kommer jag att få ett musikaliskt geni som förstår musik på ett bättre sätt. Om jag fyller spjälsängen med kluriga pussel kommer jag att hjälpa slutledningsförmågan från tidig ålder. Allt är rent nonsens. Betyder det att stimulans inte spelar någon roll? Självklart inte – stimulans är bättre än motsatsen, men det finns ingen skala och koppling till proportionalitet. Det räcker med att stimulans finns, och där slutar din påverkan som förälder. Det är snarare en binär förutsättning. Stimulans är bättre än bristen på stimulans. Tanken på att lite är bra och massor är ännu bättre har inget stöd någonstans. Idén om att du är ansvarig för att skapa personlighet, IQ eller akademiska framgångar är helt enkelt inte sant. Ditt barn är inte ett tomt blad som du kan eller får fylla med innehåll. Vill du gräva ner dig i det här ämnet, vilket jag verkligen skulle vilja rekommendera, läs Steven Pinkers bok *"The Blank Slate – The Modern Denial of Human Nature"*, (40).

Ditt barn är en unik kombination över de egenskaper som du och din släkt bär med er i form av DNA. Tänk på dig själv som en fåraherde. Du är herden men inte skaparen av fåren. Skaparrollen gör dig ansvarig för allt som blir bra och allt som blir dåligt. Föräldrar av idag drabbas ibland av enorma skuldkänslor över något som "drabbat" deras barn och som har med egenskaper att göra. De tror att det beror på att föräldrarna har gjort något fel. Synen på en herde i stället för en designer är alldeles tillräckligt och dessutom korrekt. En herde väljer platserna där fåren skall äta, utvecklas och växa. De utvärderar om de får i sig tillräckligt med näring och de bedömer om de är skyddade från fara. Miljön och omgivningen är viktigt, men den skapar inte fåret. Ingen herde kan förvandla ett får till en jakthund. Anledningen till att Russel Barkley pratar om detta i relation till just ADHD är att han i sin praktik stött på så många föräldrar med barn som lider av funktionsvariationer och föräldrarna har försökt ändra på designen eller ser sig som skyldiga till konstruktionen av barnet. Jag tycker att det som Russel berättar om även gäller alla som har barn eller föräldrar. Världen har den här synen på uppfostran rent generellt och vi har alla felaktigt lämnat synen på föräldrar som herdar till att klä oss i rollen som designers.

Kunde vi ändra på den här synen på oss själva som barn och på oss själva som föräldrar hävdar jag att vi kunde njuta så mycket mer av föreställningen. Relationen barn och föräldrar. En herde kan njuta så mycket mer än någon som jobbar i supporten eller på reklamationsavdelningen. Ett barn är en helt unik individ och du har ingenting med skapandet att göra. Skapa en bra och stimulerande plats och njut av den korta tiden som bjuder på en intensiv åktur. För den är verkligen kort i en människas liv.

Även om du inte själv har barn, så har du en gång varit barn och det finns insikter här för dig ändå. Kanske klandrar du dina föräldrar för något som relateras till något mer än bara platsen där du växte upp eller som egentligen inte kan kopplas till deras uppdrag som herdar? Något utöver deras närvaro eller utvärderingsförmåga kring näring och fara? Judith Harris, känd forskare, författare och barnpsykolog har med all tydlighet i sin bok "The Nurture Assumption – Why Children Turn Our the Way They Do", (41), förklarat att du har som förälder mer påverkan på ditt barns liv med platsen du valde att bo, än någonting annat som du väljer att göra i det hemmet, förutom i de fall där det förekommer våld, försummande eller undernäring. I dessa fall är det fåraherden som misslyckats totalt. I alla andra fall är det triviala variationer som inte spelar någon större roll i formandet av barnets individ. Varför? Jo, för att upplevelser utanför hemmet har en större betydelse än upplevelser i hemmet. Vänner, kvarteret, omgivningen, skolor, lärare, andra vuxna och resurser som föräldrarna gjorde möjligt genom att välja platsen för hemmet, det är alla dessa som skapar barnet. Inte föräldern.

Lång utläggning om individ, men jag skulle även säga tydlig. Russel och Judith pratar om barn och föräldrar men förklarar även med all tydlighet begreppet individ. Det finns ingen tvekan om att begreppet individ är något totalt unikt för varje människa. Det är styrt av DNA och utvecklat med hjälp av erfarenheter och tolkningar samt förmågan att kunna hantera information. Medvetande är inte nödvändigtvis något som är unikt för dig. Det finns åtminstone ingenting som tyder på att det du kallar för medvetande är ditt och endast ditt. Livet och den ägande känslan i begreppet "ditt liv" är i sin tur troligen bara ett resultat av alla de celler du består av och likt människorna som utgör samhället så utgör dina celler tillsammans ditt liv. Det finns dock inte något "Du" även om det enklast att tänka så. Återigen, fundera på påståendet att din hjärna inte är producenten av medvetande utan endast en mottagare. Betyder det att känslan du har när du tänker på att just du är du, inte är något som du producerar? Svar ja! Betyder det att medvetandet kan vara något som vi delar på och utan att kunna uppfatta några andra mottagare, bara kan ta del av budskapet som sänds ut? Svar ja, även på denna. För mig en svindlande tanke som jag antagligen aldrig kommer att bli helt klar med.

För att kunna ta reda på mer om vad medvetande är måste vi bege oss till platsen där medvetandet inte finns. Döden.

KAPITEL SJUTTON:
MÄNNISKAN OCH DÖDEN

Vi kan inte bara omdefiniera liv utan att i samma syntax även omdefiniera vad döden är. Vi kommer att omdefiniera både liv och död. Vi kan påbörja den resan i tanken redan här och nu. Tänk dig in i följande. Är du rädd för att dö? Många skulle svara ja på den frågan. Människans existens innehåller två tillfällen av död med undantag av en stunds liv i mitten. Båda platserna innan och efter du har levt är utanför din existens och rent logiskt känns det omöjligt att vara rädd för tiden innan man föddes, trots att den är helt identiskt med tiden efter. Det går att känna en rädsla för att inte hinna med allt man skulle vilja hinna med, eller att få se sina barn växa upp. Det är något som vi inte behöver vara rädda för i en digital värld.

En annan aspekt av döden är denna. Är du rädd för att några hudceller på ovansidan din hand skulle dö? Det är ju trots allt en bit av dig? Att några molekyler i din hälsena släpper sina bindningar? De utgör väl strukturen som är du? Nej, troligen inte. Du behöver inte heller vara rädd för att atomerna som du består av skulle försvinna. De har funnit sedan 300 000 år efter Big Bang och kommer att fortsätta existera långt efter att solen har slocknat. Du är lika gammal som universum. Nej troligen är vi oroliga för något som är lika kortlivat som du själv. Informationen som utgör DU. Det du vet, det du tänker, det du har varit med om och det som tillsammans bildar det unika med dig. Det du intalar dig försvinner när du dör. Fram tills nu är den enda möjligheten att inte helt och hållet dö och utplånas från all existens att lämna några spår efter sig. En gravsten är ett spår men inte ett så värst aktivt och berättande sådant. Shakespeare lämnade betydligt mer information kvar efter sig och existerar ännu om man skippar den biologiska delen och endast ser till informationsdelen. När jag pratar om Carl Sagan, vilket jag gärna gör så finns hans information kvar och lever genom mig.

Döden är endast viktig i livet. Den enda betydelsen som döden har för oss är under tiden som vi ännu lever. Tanken på döden är vår i särklass starkaste drivkraft i allt vi gör. Jag menar bokstavligen i allt vi gör. Vi lever våra liv till största delen omedveten om dödens påverkan på våra beslut och handlingar och vi tvingas till djupa självinsikter innan vi kan se hur döden hänger ihop med det mesta. Det går utan djupare insikter att hävda att döden byggde World Trade Center i New York och det var döden som raserade dem igen. Döden i form av drivkraft. För arkitekterna som ritade dem och för de beslutande människorna bakom ekonomin till skapandet och byggandet. Där handlar det om att lämna spår i historien, ett arv till eftervärlden och ett bidrag till generationer efteråt. När de raserades var även där döden inblandad. Inte bara som orsak av själva dådet, utan som motiven bakom dem. Löftet om det eviga paradiset som väntade och för de som låg bakom finansieringen och planeringen, återigen med siktet på att lämna något efter sig som ett minnesmärke till kommande generationer.

I boken *The Worm at the Core – On the Role of Death in Life*, (42), berättar författarna Sheldon Solomon, Jeff Greenberg och Tom Pyszczynski om ett experiment som gjordes i ett antal domstolar i USA. De ville se hur tanken på döden inverkade på våra beslut, specifikt domslut och straffproportionalitet. Det iscensattes ett prostitutionsmål där en kvinna hade gripits för att ha sålt sexuella tjänster. Vid alla domstolarna och alla tillfällen har kvinnan en likartad klädsel och identiska förutsättningar kopplade till gripandet. Allt för att inte några yttre faktorer skulle kunna påverka. Brottet har en statistisk genomsnittsbot på cirka 50 dollar.

Under experimentet fanns det en domare som inte var informerad om att det faktiskt inte rörde sig om ett experiment utan skötte förhandlingen precis som utifrån att det var på riktigt. Det fanns även en kollega till domaren vid varje domstol och tillfälle som däremot var informerad och hade en uppgift under pausen och överläggningsarbetet. Då skulle kollegan be den aktiva domaren om en tjänst att fylla i ett frågeformulär. En förklaring om att det var en undersökning som kollegan höll på med och att det inte alls skulle ta många minuter. Alla frågorna i formuläret hade som enda uppgift att få personen att tänka på döden och i stil med *Vad tror du händer efter döden?* och *Hur kommer din familj att tänka på dig efter din bortgång?*, och så vidare. För att kunna besvara dem var det tvunget för personen att inse att döden kommer inträffa förr eller senare.

Vilken skillnad skulle du gissa på att detta hade på domen? På själva bötesbeloppet? Jag minns att jag själv tänkte mig att bötesbeloppet antagligen skulle sänkas eller kanske helt strykas. Jag hade så fel och jag har inte riktigt ännu landat i vad experimentet faktiskt visade. Alla bötesbelopp efter att domarna hade tänkt på döden en stund höjdes tio gånger. Böterna för just dessa kvinnor ökade till ett genomsnitt på 500 dollar. Alla domare. Inga undantag. Vad är det med döden som får oss att agera så? Blir vi kanske alla och envar, i dödens insiktsfulla ljus, lite mer av en domare och vill straffa de som inte lever sitt liv på bästa sätt?

Under alla år av teknisk, biologisk, fysisk, medicinsk och psykologisk forskning har vi ändå inte insett så mycket som vi skulle kunna önska om döden. Vi vet att människorna tids nog upphör att leva och det definieras som en gradvis nedstängning av kroppens funktioner. Muskelaktiviteten avtar och upphör. När syresättningen upphör och blodkroppar inte längre pumpas runt i kroppen börjar nedbrytningen vilket sker på cellnivå. Vi vet dock att hjärnaktiviteten pågår under lång tid efter att exempelvis hjärta och lungor har stannat. Det är inte sällan en långsamt avtagande energi som sakta dör ut likt en liten batteridriven lampa som sakta avtar i lyskraft.

Kanske avslutas livet för oss alla som om vi just somnade. En vanlig sömn har en REM-fas på var sin sida om djupsömnen. REM-fasen påminner om döden på ett sätt eftersom hjärnan har en mycket större aktivitet än resten av kroppen och det är här vi normalt sätt upplever de intryck och sekvenser som vi kallar drömmar. Sedan kommer djupsömnen. Mindre aktivitet och mindre drömmar. Övergången är utdragen och har inga tydliga trösklar. För oss kanske det inte är någon skillnad att somna eller att dö. Skillnaden är endast märkbar för de som aldrig ser dig vakna upp igen. Vi driver bort. I en början med tankar och händelser. Kanske blir ljuden vi hör en del av drömmen i början. Någonstans mellan fem och tjugo minuter stannar du kvar i drömmen som leder dig in en djupsömn som du aldrig återvänder ifrån.

Vad händer sen? Det finns en rädsla här hos många människor som någonstans baserar sig på föreställningar om att det går att uppleva något. Att det skulle vara ensamt och mörkt eller rent av brinnande och smärtsamt. En mycket bättre tanke är att jämföra med hur du upplevde tiden innan du föddes. Kände du dig ensam? Var det mörkt? Var du rädd eller orolig? Svaret på de frågorna ter sig så konstiga att de är nästan svåra att ens behandla i tanken. Vi kan förutsätta att din upplevelse av döden kommer att uppfattas på samma sätt. Innan som efter livet. Samma sak. En icke-existens som inte det minsta har med dig att göra.

Vi tänker ofta på döden som slutet på livet vilket ofrånkomligen kommer bjuda på en upplevd negativ slutledning. *"Det som följer efter att jag dör är ingenting"*. *"Döden är en avgrund, ett mörker"*. *"Slutet på upplevelsen"*. Felet vi gör här är att vi gör döden till en del av upplevelsen. En del av ekvationen kring liv.

Det blir en "negativ tomhet". Detta går att vända genom bättre tankebanor till att i stället producera en "positiv tomhet". Det går att vända tanken på döden till perspektivet "Där jag är, är inte döden" och " Där jag inte är, där är döden". Det resonemanget sätter dig själv i motsats till döden, men utan att insinuera att du och döden på något sätt egentligen hör ihop. Ni kommer helt enkelt inte att uppleva varandra, du och döden. Det är en omöjlighet.

Om du befinner dig någonstans i mitten av livet är risken stor att du någon gång slagits av insikten att dina dagar är räknade och att allting har ett slut. En 50-åring har i genomsnitt mellan 25 och 30 år kvar i livet utifrån medellivslängd i de utvecklade delarna av världen. De har redan avverkat 66% av sitt liv och har drygt 9000 dagar kvar. Strax över 1300 helger kvar och det finns inte fler än drygt 300 möjligheter kvar att se en fullmåne. Det kommer en sista gång när du kysser din partner eller hälsar på dina släktingar.

Tillhör du de lyckliga människor som har satt barn till världen finns det fler insikter att hämta som omvärderar dina tankar, enbart baserat på din korta tid på Jorden. 75% av tiden som du någonsin kommer att spendera med dina barn är förbi när de har fyllt 12. Då börjar andra äventyr för dem. Äventyr som inte utspelas tillsammans eller omkring dig. 90% av tiden tillsammans med dina barn är förbi den dagen de fyller 18 år.

Första tanken som möter alla dessa insikter är ofta hämtad från rädsla, ångest eller panik. Ändå – resultatet av att lyckas förvalta informationen och forma insikter från detta är värt resan. Varje dag ökar i värde och så även din syn på dig själv och din tid. Färre dagar slösas bort till att göra saker som du inte vill göra. Antingen genom prioriteringar eller förändrat synsätt på vad som är värdefullt.

För att påminna om vad liv och medvetande egentligen är. Vi är mottagare av medvetenhet, inte producenterna. Döden är inte något så drastiskt som att vi stänger ner en radiostation och slutar sända. Vi sänker helt enkelt bara volymen till noll. Den moderna och österlandsinspirerade filosofen Allan Watts (1915 – 1973) förklarade människans existens med följande vackra ord och de får avsluta hela kapitlet om döden:

"Om du vaknar ur den här illusionen och förstår att svart innebär vitt, jaget innebär andra, livet innebär död, eller borde jag egentligen säga att döden innebär liv. Då kan du upptäcka dig själv – inte som en främling i världen, inte som något som befinner sig här på prov, inte som något som har anlänt hit av en slump. Du kan börja känna din egen existens som helt grundläggande. Vad du är i grunden, djupt, djupt, långt där inne, är helt enkelt universums material och struktur. Du är en del av universum, hela vägen."

DEL III:
DEN UTLOVADE FRAMTIDEN

En märklig effekt framträder ju längre bort i framtiden du väljer att beskåda. Det är i stort sett omöjligt att kunna förutsäga om händelser som ligger ett år framåt i tiden. Vi kan börja gissa lite om vi pratar femtio år framåt när det handlar om troliga framsteg i forskning. Vi kör "troligtvis" inte omkring i bilar som kräver bensin eller diesel längre. Men det är på sin höjd en gissning. Tittar vi ännu längre fram händer något intressant. Då börjar rimlighet och matematik att stå för prognoserna och plötsligt blir det enkelt att hitta löften om händelser. Det vi med absolut största sannolikhet vet kommer inträffa. Om 100 år kommer du som läser den här boken inte längre att finnas. Jag lovar det. Din strävan och längtan är över och du tillhör då endast historien hos de som kanske fortfarande minns dig eller som kan snubbla över något du lämnat efter dig.

Det löftet går att hålla just nu. Vid tidpunkten för skrivandet av den här boken. Det löftet kommer behöva revideras inom kort eftersom den första

273

människan som kommer bli 200 år redan är född. Ja du läste rätt. Just nu när du läser detta har det någonstans på Jorden fötts en människa som med teknik och biomedicinens hjälp kommer att kunna bli 200 år gammal. Det är ett annat löfte som har väldigt hög trolighet. Det förutsätter såklart att världen fortsätter att utvecklas i rimlig takt framåt. Kärnvapenkrig och elaka globala pandemier kan såklart hindra eller fördröja det löftet.

Vi kommer ni att påbörja en färd framåt i tiden och vi kommer hålla oss till det som har så pass stor sannolikhet att det går att jämställa med löften om inget annat sägs. När det inte är ett löfte och när det "bara" är en stor sannolikhet så skall jag försöka att vara tydlig med det. Målsättningen är att jag skall försöka lägga fram garanterade händelser framåt tills vi når tidens slut. För det finns faktiskt en sådan plats. När tiden tar slut. Inte kanske på det sättet som du tänker dig men du kommer att förstå när vi når dit. Det är långt kvar innan vi ens kan förstå förutsättningarna för det påståendet och vi har eoner av tid att passera på vägen. Vi lever nämligen i början av tiden. Vi är en del av födelsen.

Vi kommer färdas framåt. Tusentals år blir till miljoner och även miljarder. Vi har utmaningar med att på ett naturligt sätt kunna förhålla oss till dessa enorma tal när det handlar om tid. Vi kan utan större problem se horisonten som kan kopplas till vårt eget liv. 100 år fram i tiden går att föreställa sig, även om vi inte tydligt kan se innehållet. Vi kan få en känsla för hur lång tiden känns om vi pratar om 2100-talet. Det är riktigt långt fram.

När vi kommer till tusentals år blir det mer siffror och mindre förståelse. När historier pratar om år noll eller 300 efter Kristus blir det lätt ganska abstrakt. Vi förstår att det har hänt mycket sedan dess. Civilisationer har kommit och gått och världen var en annan plats då. Än svårare blir det när vi pratar om miljoner år. Teoretiskt men helt utan förståelse och inlevelse. När vi under den här resan når miljarder skulle jag nog hävda att det är fullkomligt omöjligt för hjärnan.

Vi har ingen möjlighet att ens i tanken kunna greppa en miljard ur en tidsaspekt. Låt mig få bevisa det genom att först fråga: Hur lång tid är en miljon sekunder? Detta går att räkna ut och någonstans ändå

275

förstå. Svaret är 11 dagar. Vi kan förstå flödet och det känns rimligt. När jag nu i stället frågar: "Hur lång tid är en miljard sekunder? Vad skulle du spontant gissa på? Pratar vi veckor? Pratar vi upp till ett år kanske? En miljard sekunder är ingenting mindre än 31 år. Från 11 dagar till 31 år. Det är skillnaden mellan en miljon och 1 miljard. Skillnaden känns ologisk för oss människor. Vi kommer dessutom träffa på termen "biljon" och följaktligen: En biljon sekunder? 31 000 år.

När vi nu ger oss ut på en resa framåt i tiden kommer vi behöva använda dessa för oss människor overkliga tidsmått. Du behöver endast vara medveten om att det inte är meningen att du skall lyckas bilda dig en korrekt uppfattning om "Härifrån till sex miljarder år". Det är en omöjlighet. Du kan bara åka med och låta mig få guida dig igenom några utvalda och garanterade händelser i framtiden. *Häng med!*

KAPITEL ARTON:
RESAN FORTSÄTTER

År 2061

Halley's komet passerar nära Venus. Detta är inte speciellt långt bort, varken i tid eller distans.

Någon läsare av den här boken kommer att få uppleva den här händelsen som på medeltiden förknippades med olika religioner när den passerade Jorden under olika århundranden. Slaget vid Hastings 1066 tolkades som förutspått av kometen och när den återbesökte natthimlen 1456 så var det även dags för det Ottomanska riket att invadera Ungern. Kometen gav de kristna en ny stridslust att använda mot turkarna eftersom natthimlen plötsligt hade blivit ett tecken på guds vrede. Halley's komet är ingenting mindre än något riktigt spektakulärt. Det lyser upp natthimlen under flera dagar och skapar minnen för livet för de som upplever den.

År 2124

Du finns inte längre. Det händer inget annat detta år som går att garantera redan nu, men det är ändå viktigt att vi stannar till här och reflekterar över att du inte finns längre. Varför då? Jo, för att vår överlevnadsinstinkt är så stark att den kommer att trassla till det för dig när vi senare flyger in över mörka och svåra perioder i vår framtid. I stället för att kanske bara läsa om händelserna kommer du, nästan omedvetet, att försöka hitta lösningar. *"Men om vi flyttar ner under jorden?"*, kommer du tänka när vi pratar om faror i atmosfären. Det är viktigt att påminnas om att du inte längre finns. Du behöver inte ta ansvar för mänsklighetens välbefinnande. Vid den tidpunkten har du redan gjort ditt och finns inte längre.

Du finns inte längre. Någon annan bor kanske i ditt hus och de allra flesta av de saker du arbetat så hårt för att samla på dig kommer vara spridda eller förstörda. Under de första åren efter att du gick bort hängde kanske ditt foto på väggen hemma hos dina barn, men efter ytterligare ett årtionde eller två hamnade du i någon kartong för att sedan glömmas bort. Vid det här laget är det ingen som egentligen minns dig. Vem kommer ihåg så mycket av sin farfars far eller mormors mor? Till slut försvinner allt som har med dig att göra. Allt som någonsin var du. Det är inte fel att ibland påminna sig själv om att det kommer bli så här. Det har en tendens att få nuets problem att kännas lättare. Kanske blir det lättare att säga förlåt till någon som behöver det. Kanske är det inte hela världen att ni inte hade råd med den där semesterresan? Ni har ändå varandra, just nu och en stund till. Allting har egentligen bara ett värde i nuet.

År 2134

Halley's komet kommer tillbaka och den här gången är det på en distans som räknas som riktigt nära. 13 miljoner kilometer bort kan låta mycket, men på natthimlen kommer den att breda ut sig ordentligt och bli ännu ett skådespel för de varelserna som bor på planeten då. Med tanke på att det inte är tusentals år bort känns det rimligt att fortfarande kunna tänka sig att det är människor som bevittnar denna astronomiska händelse som inträffar varje 74 – 79:e år.

År 2178

Pluto har gjort ett varv runt solen sedan vi på 1930-talet upptäckte den lilla himlakroppen. Det går inte längre att säga planet eftersom den nyligen enligt oss människor förlorade sin planetstatus. Vi upptäckte att Pluto inte var större än Australien och att det var en hel hög med Plutos där ute på liknande avstånd från Solen och en del faktiskt närmare. I stället för att Eris, Haumea, Makemake, Gonggong, Quaoar, Sedna, Orcus, Salacia och 2002 MS skulle blir nya planeter i solsystemet så valde man helt enkelt att ta bort Pluto som en planet. Kanske var det en liten administrativ genväg. Man ändrade kriterierna för vad som skulle få kallas planet och satte kriteriet till 0,7 gånger Jordens storlek som minimikrav. Pluto diskvalificerades precis som den faktiskt lite större nyupptäckta Eris.

Om 2500 år

Om 2500 år kommer vi ha en maximal havsnivå. Det har hänt förut på vår planet och nu är vi här igen. Polerna har smält och världen ser väldigt annorlunda ut. Stora delar av Skandinavien, Ryssland, Afrika, Kanada och Sydamerika ligger nu under

havsytan. Tittar vi på den nya världskartan så ser vi
västra USA som en kontinent. Den östra ligger även
den under havet. Australien kan liknas vid en ögrupp
och Kina verkar ha klarat sig med stora delar av sina
gränser i behåll. Det finns i stort sett ingenting vi kan
göra för att motverka detta. Istider kommer och går
och kanske kan vi likna dem med planetens andetag
eller vilopauser. Vi människor kan dock påverka dem
och det framgår med största tydlighet i dagens
klimatalarm som ljuder över länderna. Det som borde
ta 2500 år kan gå mycket fortare om vi hjälper till att
värma vår planet med växthusgaser.

Om 2700 år

Nu står vi inför ett förväntat magnetiskt
polskifte. De magnetiska polerna har tidigare bytt
plats med varandra men det sker i en oregelbunden
rytm. I genomsnitt går det cirka 200 000 år mellan
polskiften. Det senaste skiftet skedde för 780 000 år
sedan. Under kritaperioden, när dinosaurierna
härskade på vår planet, gick det 50 miljoner år utan en
enda polomkastning. Detta är en av framtidens
händelser där den exakta tiden inte kan utlovas. Det

finns i dagsläget ökande avvikelser som enligt matematik och prognoser sätter tiden för nästa polskifte om 2700 år. En stark avvikelse, ett starkt bevis om du så vill, är den "Sydatlantiska anomalin". Det är ett fenomen där magnetfältet blivit mycket svagt och fortsätter att försvagas. Den har flera gånger redan lett till att rymdsatelliternas elektronik har tappat sina inställningar. Nu mer stänger man av elektroniken när satelliterna korsar sydatlanten för att undvika detta.

Vad händer med livet på Jorden vid ett polskifte? Egentligen ingenting som en direkt orsak av händelsen. Jordens magnetfält är ingenting vi märker av, men vi kommer under en tid bli mycket sårbara för andra effekter. Ett polskifte är ingen enkel process. Under själva skiftet delas både nordpol och sydpol upp i ett flertal poler. Det kan bli någonstans mellan 6 – 8 poler som virrar omkring innan de slutligen smälter ihop till två poler igen, en på varje sida av klotet. Under den tiden kan vi räkna med att vi inte är speciellt skyddade mot den kosmiska strålningen och från solens vindar. En solstorm under ett polskifte skulle vara förödande. Vi vet ej heller om ett polskifte är något som går snabbt. Tar det ett dygn eller tio år? Hundra år? Ju längre en polomkastning tar, desto mer utsatt blir allt liv på Jorden. Vi skyddas konstant från solens ganska elaka påverkan. Utan ett magnetfält skulle solen blåsa bort hela vår atmosfär. Eftersom polskiften har hänt förut och vi fortfarande har en atmosfär kan vi antagligen förutsätta att det inte är någon av de stora riskerna, men det finns inga garantier. Jordklotet och livet där kom utan en manual och öppet köp har upphört gälla för länge sedan.

År 2880

Asteroiden DA 1950 kan träffa Jorden den 16:e mars år 2880. Just nu är det DA 1950 som bjuder på den kanske högsta risken för kollision. Den är fortfarande löjligt liten och stannar på 1 på 8300 att den träffar Jorden. Det är ändå det högsta vi någonstans haft i våra skalor. När vi upptäcker objekt som hotar Jorden får de vanligtvis ett värde på Torinoskalan och de hamnar under en större bevakning. DA 1950 ligger mer än 100 år framåt i tiden och bedöms inte just nu som något av intresse och därav finns passagen vid år 2880 inte med på listan. DA 1950 är 1,5 kilometer i diameter och skulle om den träffade Jorden göra det med en hastighet av 64000km/h. Ingen mänsklig civilisation på Jorden skulle klara en sådan kollision och den skulle förändra vårt klimat och vår biosfär drastiskt under en lång tid framöver. Liv skulle klara sig, men inte speciellt avancerade arter och helt definitivt inte människorna.

Om 14 tusen år

Nu hoppade vi ganska långt fram, märkte du det? Över tiotusen år i ett enda steg, och ändå är det minimalt i jämförelse med vilka kliv vi kommer göra efter detta. Vi kommer röra oss fortare och längre fram i tiden för varje steg. Vi har så mycket distans att täcka in på vår resa genom morgondagens löften att vi måste hålla hastigheten uppe. Nu har Sahara blivit tropiskt igen. Nu kanske du frågar dig själv "igen?". Är inte Sahara en öken? Det stämmer – just nu är Sahara en öken och nu är i stället Amazonas en djungel. Dessa två platserna har turats om tidigare med att vara djungel och öken. Högt uppe i stratosfären skickas ofta sand från den kontinent som för tillfället är öken till den som är djungel och dessa sandiga små utbyten går att återfinna på båda platserna. För 11 000 år sedan var Sahara en stor grön oas fylld med träd och en 100 000 kvadratkilometer stor sjö i mitten. Om 14 000 år kan det återgå till att vara det, men det är såklart även lite upp till oss och vad vi hinner ställa till med innan. Det är i allra högsta grad relaterat till klimatet.

Om 40 tusen år

Voyager 1 passerar Gliese 445. 1977 skickade vi ut en satellit vid namn "Voyager 1". Uppdraget var att studera det yttre solsystemet genom att fotografera och skicka tillbaka resultatet. När den passerade Saturnus blev den kraftigt påverkad i sin kurs och kunde inte fullfölja hela sitt uppdrag.

Den berömda astronomiprofessorn Carl Sagan föreslog redan 1980 att de skulle försöka ta en bild av Jorden och att den bilden skulle ha ett stort värde i att få oss att förstå vår ensamhet och vår plats i universum. NASA ställde sig initialt bakom idén men det skulle dröja ytterligare tio år innan de vågade sig på det. Det fanns en oro att kameran skulle ta skada av att fotografera i riktning mot solen. Den 14:e februari 1990 när den befann sig på det betryggande avståndet av 6,4 miljarder kilometer från Jorden blev slutligen Carl Sagans önskemål om en bild på Jorden en verklighet. En "selfie" på alla existerande människor. Bilden blev ikonisk på sitt eget sätt. En svart ruta korsas av kornig orange stråle från solen, och där mitt inne i den solstrålen, en liten lysande blå prick - Jorden. Till bilden skrev sedan Carl Sagan den berömda texten som även blev titeln på hans bok – "The Pale Blue Dot":

"Från den här avlägsna utsiktspunkten verkar jorden kanske inte vara av något speciellt. Men för oss är det annorlunda. Betrakta återigen den punkten.

Det är här. Det är hemma. Det är vi. På den lever alla du älskar, alla du känner, alla du någonsin hört talas om. Varje människa som någonsin funnits har levt sina liv där.

Summan av all vår glädje och vårt lidande, tusentals självsäkra religioner, ideologier och ekonomiska doktriner, varje jägare och samlare, varje hjälte och ynkrygg, varje skapare och förgörare av civilisationer, varje kung och bonde, varje förälskat ungt par, varje mor och far, hoppfullt barn, uppfinnare och upptäcktsresande, varje

moralisk lärare, varje korrupt politiker,
varje superstjärna, varje högste ledare,
varje helgon och syndare i vår arts historia
levde där – på ett dammkorn svävande i en
solstråle.

Jorden är en mycket liten scen på en stor
kosmisk arena. Tänk på de floder av blod
som spillts av alla dessa generaler och
kejsare så att de i ära och triumf kunde bli
tillfälliga härskare över en bråkdel av den
pricken. Tänk på de oändliga grymheterna
som drabbat invånarna i ett hörn av denna
pixel på de knappt urskiljbara invånarna i
ett annat hörn.

Hur ofta de missförstått varandra, hur
ivriga de är att döda varandra och hur
intensivt deras hat varit. Alla våra

ställningstaganden, vår inbillade
självviktighet samt villfarelsen att vi har
någon privilegierad position i universum,
utmanas av denna punkt av blekt ljus. Vår
planet är en ensam fläck i det stora
omslutande kosmiska mörkret.

I vår unika ensamhet finns det ingen
antydan om att hjälp kommer från någon
annanstans för att rädda oss från oss
själva. Jorden är den enda platsen som
hittills är känt för att kunna hysa liv. Det
finns ingen annanstans, åtminstone inom
en snar framtid, dit vår art skulle kunna
migrera. Besöka, ja. Bosätta, inte än. Du
kan gilla det eller inte, men för tillfället är
jorden vår enda plats. Det har sagts att
astronomi är en ödmjuk och
karaktärsskapande upplevelse. Det finns

kanske ingen bättre demonstration av den
mänskliga dårskapen än denna avlägsna
bild av vår lilla värld.

För mig understryker det vårt ansvar att
vara vänligare mot varandra och att bevara
och vårda denna ljusblå prick, det enda
hem vi någonsin har haft."

Carl Sagan, Pale Blue Dot, (29)
(NASA/Public Domain, fritt översatt)

Voyager I är nu på väg mot
stjärnkonstellationen "Ophiuchus" och kommer sedan
för en lång tid framåt att bara driva omkring i
universum. Den har som första människoproducerade
objekt lämnat vårt solsystem för att aldrig någonsin
återvända. Från 2025 kommer den inte ha batteri kvar
att kunna driva någon elektronik och efter 2035
försvinner den bortom alla möjligheter till
kommunikation. Om 40 000 år kommer Voyager 1 att

passera Gliese 445. Den stjärnan är tillsammans med Ross 248 och Proxima Centauri en av de stjärnor som ligger allra närmast oss. Den ligger 17,1 ljusår bort och räknas som en nära granne. Det tar 40 000 år att besöka den grannen i det här universumet.

Om 50 tusen år

Den interglaciala perioden är över och vi börjar nu återvända till istid. Vi har varit här många gånger och dessa växlingar håller en förhållandevis jämn rytm. Kanske undantaget denna sista del av historien då vi på slutet på grund av människan verkar vilja skynda oss mot toppen av den interglaciala perioder. Hur vet vi att vi befinner oss i den interglaciala perioden? Jo, det är ganska enkelt att leva. Det är betydligt svårare när marken täcks av en kilometer tjockt lager av is. Både djur och människor har överlevt många sådana här växlingar i perioder. Det sätter livet och resurserna på prov och kanske har det en härdande och utvecklande effekt på evolutionen. Från nu styr vi mot istid igen och om ytterligare 50 000 år väntar en värld av is och snö för många arter som inte lever omkring ekvatorn.

Ytterligare en händelse värd att berätta om inträffar efter 50 000 år. Ett dygn på planeten Jorden är nu 24 timmar och 1 sekund. För en miljard år sedan var dygnet endast 19 timmar långt och månen var mycket större på natthimlen eftersom den låg 40 000 kilometer närmare då. Allt du kan se och uppleva förändras hela tiden. Ingenting hittar någonsin en viloplats i universum, fri från påverkan eller förändring. Jordens rotation är inte konstant och det är faktiskt månen som är orsaken. Den har en dragningskraft på Jorden och påverkar vårt vatten. Vi kallar det tidvatten. Den effekten gör att jordklotets rotation påverkas och även den minsta påverkan har effekt när år läggs till år. Hade tiden varit evig så hade denna effekt slutligen fått jordklotet att stanna sin rotation. Halva Jorden hade haft evig natt och den andra hade haft en evig dag. Det i sig själv hade skapat fler problem än önskvärt, men vi kommer inte dit. Jorden har inte oändligt med tid. Visst berättade jag om att detta skulle bli en mörk historia?

Om 90 tusen år

Sannolikt utbrott av supervulkan. För cirka 70 000 år sedan fick livet på Jorden uppleva effekten av en supervulkan. Det var supervulkanen Toba som jag berättade om i ett tidigare kapitel. Toba var belägen på den indonesiska ön Sumatra och fick ett stort utbrott. Det var det kraftigaste utbrottet som hade skett på Jorden under de gångna 25 miljoner åren. Halva jordklotet täcktes i aska och skapade en atomvinter tio års tid. En total katastrof för ekosystemet och all växtlighet. För ytterligare 1000 år efter utbrottet genomgick hela planeten en kraftig nedkylning. Människor, våra förfäder, levde på den här tiden och människan har aldrig varit någonsin, varken innan eller efter varit så utrotningshotade som när Toba fick det här utbrottet. Detta går idag att bevisa genetiskt. Alla idag levande människor kan spåras med hjälp av DNA till någon av de kanske omkring 2000 människorna som överlevde denna katastrof. Extrem vilja, stor överlevnadsinstinkt och säkerligen en stor mängd tur hos några få individer är orsaken till att du just nu läser den här meningen.

Inom de nästa 90 000 åren framöver når vi en snudd på hundraprocentig risk att vi kommer få uppleva detta igen. Vi kan egentligen inte förutse ett troligt utbrott förrän månader innan med dagens teknik, men teorierna om vilken det blir är lika många som kandidaterna. Är det den slumrande supervulkanen i Neapel eller är det Yellowstone som på sistone oroar forskarna med sina landhöjningar? Är det kanske de sex vulkanerna i ökedjan Aleuterna som nu verkar vara sammankopplade med en supervulkan i havet mellan dem? Inom loppet av 90 000 år kommer det liv som bor här få visa att det fortfarande finns en stark överlevnadsinstinkt kvar.

Om 350 tusen år

Wolf-Rayet (WR104) slutar som supernova. WR 104 är ett trippelsystem som ligger på ett avstånd av 8 400 ljusår bort från Jorden och som enligt beräkningar kommer sluta sina dagar med en supernova med en chans till en stor gammastråle. När en stjärna kollapsar, eller som i det här fallet, fler stjärnor kollapsar in i varandra och resulterar i en supernova, en av universums mest våldsamma händelser, finns det även en risk att det kan bli en extremt lång gammastråle på var sin sida om supernovan längs axeln på den exploderande stjärnan eller stjärnorna. Precis just nu ligger planeten Jorden exakt i WR104 polriktning. Att den ligger tusentals ljusår bort hindrar inte att det skulle bli helt myggfritt på Jorden om så skedde. En gammastråle av den kalibern dödar liv, nästan oavsett avstånd. Detta har media plockat upp och gör stundtals lite domedagsskriverier om WR104. Det finns en risk att livet på Jorden inte klarar sig längre än hit men risken är ändå ganska liten. En stjärna i sina sista stadier innan kollapsen gör sig av med mycket materia och ändrar då även vinkel på sin egen rotation. Även om Jorden ligger rakt i polriktningen just nu är det inte så stor risk att vi gör det efter att WR104 skramlat runt i sin egen dödsdans ett tag. Vi kan nog känna oss hyfsat trygga med denna. Skulle vi mot förmodan ändå göra det blir det utmaning för alla livsformer här. En av teorierna på Perm-trias massutdöendet för 252,3 miljoner år sedan här på Jorden är just en gammastråle. Den skulle i den förslagna teorin ha uppstått när två neutronstjärnor kolliderade med varandra. Resultatet vet vi redan. Ungefär 90% av alla arter på Jorden dog då. Jag nämnde myggfritt nyss och det stämmer bokstavligen. Detta var nämligen det enda av Jordens alla tidigare massutdöenden som även nästan hade ihjäl alla insekter.

KAPITEL NITTON:
DE SISTA SPÅREN

Om 1 miljon år

Fotavtrycken på månen har eroderat bort. När Apollo 11 landade och astronauterna skuttade omkring lite på månens yta lämnade de både fotavtryck och spår av fordon efter sig. Dessa avtryck är fortfarande att betrakta som nya och färska eftersom vi inte har någon atmosfär att tala om på månen. Månen träffas dock nästan konstant av mikrometeoritnedslag. Sådant som vår atmosfär på Jorden förvandlar till "stjärnfall": De små stenarna över tid räcker för att under loppet av en miljon år sudda bort människans spår på månen. Ingenting är någonsin evigt.

Om 1,2 miljoner år

Pyramiderna har eroderat bort. Här på Jorden har vi betydligt mycket mer atmosfär som under loppet av drygt en miljon år kan sudda ut de mest konkreta spåren av oss människor. Det tar över en miljon år, men sedan kommer dessa egyptiska gravmonument endast att tillhöra historien. De kommer att malas ner av naturen och återvända hem till ett liv som sand och damm. Ett tillstånd som de en gång i tiden kom från. Finns vi människor vid den här tidpunkten? Enda löftet här är att vi inte finns som Homo Sapiens. Ur ett biologiskt perspektiv har vi garanterat redan bytt ras till vår efterträdare, kanske både en och två gånger, men vi kan även ha utvecklat egna raser med hjälp av teknik. Minnet av pyramiderna kommer att arkiveras som något tillhörande dig och din ras. Alltså du som läser detta just nu.

Du kanske inte tycker att du har något med pyramiderna att göra. Det var ju Moses och Farao? De var din ras och ni delade samma epok. Du tillhör dem och gårdagen på ett sätt som inte går att separera på ett betydelsefullt sätt för eventuella framtida släktingar. För de som med hjälp av historien betraktar oss som levde för över en miljon år sedan. För dem tillhör iPad, kastspjut, pyramider, brandbil, Tik Tok och böldpest samma period. Samma sorts människor som styrde under en tid och styrdes av nyfikenhet, okunskap samt oförmågan att organisera sig effektivt mot samma mål.

Om 1,5 miljoner år

Betelgeuse avslutar som supernova. Egentligen symboliserar 1,5 miljoner år snarare en maximal tidsperiod och den här stjärnan kan explodera redan om tusen år. En stor del av forskarna satsar på cirka 100 000 år och däromkring. Betelguese går att se en stjärnklar natt genom att du letar upp Orions bälte. De tre stjärnorna som ligger på en tydlig rad bredvid varandra. Över dem och lite till vänster finns där en röd stjärna som är Betelguese. Den är nästan 1000 gånger större än solen och den ligger på ett avstånd av 667 ljusår bort från oss. En supernova på det avståndet är inte farlig. Däremot kommer det att bli en enorm händelse för allt liv på Jorden som kan bevittna det. För en stund och för oss kommer den här stjärnan att lysa starkare än alla andra stjärnor i hela universum tillsammans. Under ett års tid kommer det se ut som att vi fått en extra måne. En stor lysande ring kommer dröja sig kvar och vara synlig även under dagtid och

sedan gradvis kommer den att tyna bort. Orion har då
för evigt förlorat sin vänstra skuldra.

Om 2 miljoner år

Korallreven har återhämtat sig från
försurningen som just nu förstört stora delar av
förekomsten av koraller samt hotar att förstöra ännu
mer. Att de skall återhämta sig förutsätter såklart att
vi inte totalt utrotar all korall som finns kvar. Det kan
vara svårt att leva och agera i dagens politiska värld
när besluten ibland måste ses i ljuset av flera miljoner
år. Om vi upphör med något idag för att ge korallerna
en chans är sanningen att vi troligen inte kommer att
få njuta av de bra besluten som vi tog. När det gäller
just koraller finns det kanske inte ens människor kvar
på planeten när målet blir uppnått. Det betyder inte
att vi borde sluta med att bry oss om korallreven. Det
betyder desto mer att vi måste sluta för att kunna
njuta av de som är kvar. Om återhämtningen blir
oviktig blir det enda vi kan sikta på ett bevarande och
det kanske är ännu viktigare.

Om 7,2 miljoner år

Stenmonumenten i Mount Rushmore finns inte längre. De majestätiska ansikten på George Washington, Tomas Jefferson, Theodore Roosevelt och Abraham Lincoln som skulpterats fram ur klippväggen i Black Hills, South Dakota – de syns helt enkelt inte längre. De har vittrat bort och eroderat sönder. Det kanske mest permanenta vi människor någonsin har byggt fram till idag har misslyckats med att stå emot tidens tand. Skulle vi sluta med att producera liknande hållbara bevis för vår existens idag så försvinner det sista spåret av människans tid på Jorden här, 7,2 miljoner år från idag. Skulle en annan intelligent organism vid ett senare tillfälle besöka Jorden blir det inga upptäckter som tyder på att där en gång levde en art som hette människor och som där härskade över land, hav och himmel.

Om 10 miljoner år

Ett nytt hav formas i Afrika. De tre tektoniska plattor som idag möts här, den afrikanska, den somaliska och den arabiska, vars Afrika vilar på två, kommer att glida isär och sprickan kommer fyllas med hav. Afrika delas i två delar och uppbrottet sträcker sig diagonalt från Sydafrikas spets till Etiopien och Röda Havets utlopp. Anledningen till denna händelse är att massiva superupphettade stenformationer från manteln just nu trycks uppåt i den här regionen och kommer över tid orsaka att de tektoniska plattorna till slut viker undan och glider isär. Den här delningen pågår redan idag, men den händer med 7mm per år vilket gör att det krävs någonstans mellan 5 miljoner och 10 miljoner år för att på riktigt kunna säga att ett hav dyker upp i Afrika.

Om 12 miljoner år

Mars får ringar. Om vi vid det här laget faktiskt har koloniserat planeten Mars och om vi på något sätt har lyckats klara oss i tolv miljoner år vilket är orimligt på många punkter, står den koloniseringen inför stora prövningar här. Mars har en måne som heter Phobos. Den roterar omkring Mars likt vår egen måne, men rör inåt mot Mars med en hastighet av 1,8 centimeter per år. Det kan tyckas helt oviktigt eftersom vi pratar om astronomiska distanser, men det

är långt ifrån trivialt. Det kommer efter tolv miljoner
år resultera i att Phobos kraschar in i Mars och
pulvriseras. Det som blir kvar av Phobos samt en
mängd material från själva Mars kommer hamna i en
omloppsbana kring Mars och skapa tydliga ringar
omkring planeten. Ej helt olikt det vi idag ser hos
Saturnus.

Om 25 miljoner år

Saturnus ringar har försvunnit. De ikoniska
ringarna vi idag ser omkring vårt solsystems näst
största planet består till 95% av is och resten är grus.
De är inte heller speciellt tjocka. På de tunnaste ställen
endast 5 meter tjocka och de allra kraftigaste delarna
av dessa ringar har en tjocklek på 30 meter. En
fascinerande tunnhet med tanke på att de är så tydliga
att observera från vår lilla planet som ligger på 1195
miljoner kilometers avstånd. Även om universum inte
erbjuder något större friktion så räcker det för att
skapa tillräckligt med påverkan på dessa ringar av is.
25 miljoner år är vad som krävs för att reducera
ringarna till att endast innehålla grus och således inte
längre kunna observeras.

Om 50 miljoner år

Nu skulle du inte längre känna igen planeten Jorden. Du skulle leta efter de kontinenter som du är van vid att se. Afrika, Nord- och Sydamerika, den europeiska och asiatiska platån samt Australien som tittar fram där under. Ingen av detta skulle du hitta. Den afrikanska kontinenten är på väg upp och in i Europa med hög fart. Där Medelhavet nu finns kommer det i stället vara en stor bergskedja, rivaliserande i höjd med Himalayas toppar. Sådan är Afrikas hastighet just nu. Även Australien har färdats uppåt, skrapat med sig hela den indonesiska öriket och blivit en del av det kinesiska höglandet. Den amerikanska nord- och sydkontinenten har försvunnit bort och på sin resa gjort Atlanten till det nu till ytan största havet. Allt är på väg mot att bli en ny superkontinent som det vid tre tillfällen tidigare har varit. Den senaste tiden för superkontinent, då all landmassa hängde ihop, var under Pangea för 250 miljoner år sedan. Nu är vi på väg mot en ny period och den sker när Asien och Amerika möts.

Om 70 miljoner år

Det finns inget årtal får nästa stora asteroid men ju längre tiden går, desto större blir risken. Vill vi nå ett nästan hundraprocentigt löfte att vi kommer träffas av en asteroid i storlek med den som slog ut dinosaurierna för 55 miljoner år sedan, ja då behöver vi vänta i sjuttio miljoner år till. Någon gång från imorgon till en vanlig onsdag om 70 miljoner år i framtiden kommer planeten Jorden få en rejäl utmaning. Egentligen kanske inte så mycket planeten. Den överlever allt kosmiskt du kan utsätta den för, men allt biologiskt liv som bor där måste kämpa extra mycket för att överleva nu. En tillräckligt stor kollision kan göra hela planeten till flytande magma igen, men det räcker med asteroider som är över en kilometer i diameter för att effekterna skall bli globala för allt liv på planeten.

I dagsläget finns det inga kända hot som vi behöver vara oroliga för. Det har ibland dykt upp domedagsnyheter kring asteroider som Bennu eller Apophis men det landar alltid i att vi pratar om risken i stil med 1 på 2700 att den träffar Jorden. Det vi inte vet är kanske det vi behöver vara räddast för när det handlar om asteroider. Vi har ännu inte möjlighet att hela skyn bevakad. På frågan om det kommer slå ner en asteroid på Jorden inom ett år och av storleken som hotar allt liv så är risken extremt liten. Nästan obefintlig faktiskt, men aldrig noll. På sjuttio miljoner år går den nästan obefintliga risken och i stället blir ett löfte. Det kommer ske. Det tillhör förutsättningarna för existens i universum. Universum bryr sig inte och har inga förpliktelser att skydda och bevara någonting, lika lite som det finns mening eller plan. Det är bara matematik och inget personligt.

Om 150 miljoner år

Jorden har stannat av än mer och nu är dygnet 25 timmar långt. Det liv som har överlevt allt som Jorden har fått vara med om fram till nu har en annan dygnsrytm. En timme kanske inte låter så mycket, men det betyder mycket för det kolbaserade liv som vi känner till. Hur dygnets timmar spenderas när det rör sig om jakt, parning, pollinering och metabolism. Månen med sin dragningskraft tvingar, förutom att ständigt bromsa vår rotation, hela ekosystem att anpassa sig efter nya regler för maximal effektivitet.

Om 200 miljoner år

Oljereserverna är påfyllda igen. Det som tog oss drygt 100 år att tömma under det vi kallade den industriella eran och fram till idag, kommer om 200 miljoner år att ha nått samma nivåer som det en gång började på. Tiden det tar för nedbrytningen av organiskt material, växter och djur, att bli till olja, är precis så här lång tid. Huruvida vi snart kommer få slut på olja eller inte är på många sätt likt den klimatdebatt som just nu förs runt om i världen. Det finns argument och diskussioner på var sin sida om logiken. Hade det bara handlat om tillgång hade vi nog fortfarande suttit här och debatterat om "*peak oil*" ligger bakom oss eller framför oss. Nu har oljan den icke önskvärda effekten att den även förorenar och smutsar ner både människor och miljö, och vi har på allvar börjat se oss om efter alternativ. Tyvärr fokuserar ibland debatten lite för mycket på just energifrågan när vi pratar om olja. Vi pratar om alternativa drivmedel och glömmer att olja används till så mycket annat som vi inte har några alternativ för. För tillverkningsindustrin är oljan det enda alternativet i de flesta fall. Vi pratar om hur länder som Kina skall kunna ge sin befolkning tillgång till fordon och vilka kemiska ämnen de skall hälla i tanken. Vi glömmer bort att prata om hur de skall ta sig fram? Skall de ha däck som möter asfalt har vi långt kvar innan en lösning. Både gummi och asfalt kräver enorma mängder olja. Jag har inte hört att diskussionen handlat om att bygga svävare ännu vilket skulle kunna vara ett alternativ. Olja används till allt, från kretskort och kablar till mediciner och bekämpningsmedel. Den dag som tillverkningsindustrin står utan olja är den dagen vi kommer stå utan mat, kläder, värme, mediciner och med ett liv som handlar om överlevnad. Ändå vet vi att det är en produkt som kommer ta slut. Att det tar 200 miljoner år att få tillbaka.

Om 240 miljoner år

Jorden har gjort ännu ett galaktiskt år. Jorden och solsystemet är en del av vintergatan som vår galax heter. Även den roterar omkring sin egen axel och det tar uppskattningsvis 250 miljoner år att färdats ett varv där. Ett galaktiskt år. När Jorden var 4 galaktiska år gammal framträdde haven och vid 5 galaktiska år är det antaget att liv uppstod här. Det dröjde ända fram till 15 galaktiska år innan flercelliga organismer dök upp. Dinosaurierna dog ut för 0,4 galaktiska år sedan och de första däggdjuren dök upp för 0,2 galaktiska år sedan. Om 240 miljoner år kommer Jorden att ha gjort sitt 19:e varv av totalt 45. Låt mig få vara extra tydlig här. Vi kommer alltså endast att göra 45 varv. Vi kommer _inte_ att göra 46 varv. Det finns helt enkelt inte tid till det. Vårt solsystem har en maxålder på 45 galaktiska år och det är redan bestämt. Det är ett löfte.

KAPITEL TJUGO:
EN KAMP MOT SOLEN

Om 400 miljoner år

Solen börjar öka i styrka. Vi pratar om 1%. Det
låter som ingenting och sett ur universums perspektiv
så är det ingenting. För det liv som bor på Jorden blir
det direkt en enorm skillnad. Medeltemperaturen ökar
i takt med strålningen och hela ekosystemet påverkas
på alla nivåer. Vissa växter och djur dör ut samtidigt
som andra frodas. Fortfarande finns alla möjligheter
till liv men livet från igår behöver justeras, främst med
hjälp av evolution, för att kunna dra nytta av denna
solförändring.

Om 500 miljoner år

Fotosyntesen upphör. Evolutionen är livets
största försvar men det kräver tid och under rådande
förutsättningar var det en kamp som inte kunde
vinnas. Solens hetta och intensitet tillåter ingen gratis
lunch i det här klimatet. Hade det funnit människor
kvar här som hade kunnat ta del av vår miljökamp på
2000-talet hade de nog funnit det hela lite ironiskt. Det

är just avsaknaden av CO_2 som får fotosyntesen att slutligen upphöra. Den gas vi nu har i överflöd och som nu ställer till det för oss kommer om 500 miljoner år vara en global bristvara på grund av att värmen från den växande solen kommer att tryckas ned i jordytens kolsediment. Det finns några sorters växter som klarar hettan och den låga kolmonoxidhalten och dessa är exempelvis majs, sockerrör och några tropiska gräsarter samt möjligen några andra arter som vi hunnit genmodifiera för att tåla svåra klimat. Dessa arter kommer inte kunna kompensera för de miljontals andra växtarter som nu kvävs till döds och alla landskap blir nu öken och torrlagda tundror.

Om 600 miljoner år

De växter som lyckades klara sig med en betydligt mindre mängd CO_2 måste vid det här laget också tvingas att se sig själva som besegrade. Efter att koldioxiden försvann upphörde även regn och övrig näring. Det finns fortfarande liv på planeten men de dominerande typerna består inte av djur eller växter Det är vissa svampar och framför allt bakterier som nu klamrar sig fast på den lilla planeten som en gång i tiden myllrade av liv. En gång fanns här så mycket liv att du kunde vända på precis vilken sten som helst ute i skogen och där fanns liv. Nu är det en helt annan planet och en helt annan fauna. De livsformer som finns kvar väntar på sin undergång utan att veta om det. De lever i slutet av livets vistelse på planeten Jorden.

För nu brinner ängarna

Och jag har inga andetag

Här finns inget syre kvar

I skymning brister dammarna

Men det betyder ingenting

När hela världen somnat in

Jag lärde mig att bäcken kommer

sjunga och spå en framtid för dem som

bara kommer leva unga

Att det finns en början och ett slut och

Hur vi än försöker, känns det som att

tiden rinner ut

Men vi har sagt det här i tusentals år

Ändå är det som att nyheten kom fram

igår och vinden blåser starkare för

varje dag

Nu går vi rätt in i elden till vår

domedag

(Maxida Märak, 2021), (43)

(Från singelalbumet *"Nu brinner ängarna"*)

Om 1 miljard år

Våra hav försvinner. Solens styrka har växt till ungefär 10% och temperaturen har nått över 100 grader här på Jorden med resultatet att alla våra hav och sjöar förångas. Anledningen till att vi för 500 miljoner år sedan fick en atmosfär som innehöll tillräckligt med syre för oss människor var just havet. Där fanns plankton som med hjälp av en fotosyntetisk process höjde syrehalten till dagens 21%. Om en miljard år försvinner havet och den bli planeten blir för en kort tid den vita planeten för att sedan, när molnen skingras se ut som Mars gör i dagsläget. Brun och utan färger.

Om 2,8 miljarder år

Marktemperaturen är nu 147 grader. Åtminstone den sida som för närvarande är vänd mot solen. Ännu är vi inte en död planet. Det finns fortfarande liv här om än väldigt få sådana och alla dessa livsformer tillhör kategorin bakterier. Precis så envist är livet. Har du en gång fått i gång liv på en planet så är det mycket svårt att bli av med det. I kokande temperaturer och ett fruktansvärt ogästvänligt klimat finns det fortfarande små soldater som krånglar sig fram på små uppdrag och äventyr i bakterievärlden.

Om 3 miljarder år

Nu är kampen slut. Nu har de sista organismerna och cellerna givit upp. Jorden är nu en planet helt utan liv och lever sitt liv som en helt förändrad plats. Borta är de porlande bäckarna, vindens sus över ängarna och det tjattrande fågellivet som varje morgon väcker skogarnas alla varelser. Borta är tutandet i bilköerna och fabriksvisslorna i hamndistrikten. Borta är skolväskor som packas och borttappade vantar som leder till frusna fingrar. Jorden är en rund brun sten utan minne. Det enda beviset för att någonting annat funnit finns på några CD-skivor ombord på några satelliter som färdas mot ett utlovat mörker. All överlevnad, all strävan och livets mest beundransvärda envishet är borta. Nu händer aldrig något mer på den här platsen.

Om 3,3 miljarder år

Kanske krockar Merkurius med Venus någonstans här. Det går inte att helt ge detta som ett löfte. Det finns lite för många osäkerhetsfaktorer eftersom en växande sol innebär att omloppsbanor påverkas. I något matematiskt scenario finns faktiskt kollisionen mellan Merkurius och Venus. De korsar till slut varandras banor och utplånar varandra.

Egentligen är det Jupiter som ställer till det när både Solen och Jupiter med hjälp av gravitationen krigar om uppmärksamheten och får dessa två grannplaneter på kollisionskurs.

Om 3,5 miljarder år

Solen har vuxit sig ännu större nu.

Yttemperaturen på Jorden är nu 1130 grader vilket är strax över smältpunkten för guld som ligger på 1064 grader och metaller som mässing och koppar är nu alla i flytande form.

Om 4 miljarder år

Vi påbörjar sammanslagningen med Andromedagalaxen. Det är en sammanslagning som kommer pågå under de kommande fyra miljarder åren men den börjar nu. Andromedagalaxen och Vintergatan närmar sig varandra med 120 kilometer i sekunden och kommer bilda en supergalax, eller för att vara lite mer exakt, en elliptisk "blob" som vi i dagsläget kallar för Andromedagatan, Vinterandromeda eller Milkomeda. Det spelar väl egentligen ingen roll vilka namn vi ger den eftersom ingen kommer att kunna vara där på invigningsceremonin och bandklippningen. Själva sammanslagningen kommer inte att vara en "kollision" i någon bemärkelse utan en väldigt lugn hopblandning. Ytterligare ett bevis på att universum egentligen bara är tomrum och ensamhet. Risken för att stjärnor och planeter krockar med varandra när två galaxer slås ihop är minimal. Det finns antagligen en och annan himlakropp som drar det korta strået men utslaget på fyra miljarder år är det att beteckna som en väldigt lugn process.

Om 5,5 miljarder år

Solen har nu växt till en röd jätte. De innersta planeterna är nu en del av solmassan och det är solens sista tid. Solsystemet är ingen trevlig plats och det är en dödsdans alla vill undvika. Omloppsbanor är förändrade, temperaturen är påtaglig under en röd himmel på de planeter som inte slukats av hettan.

Om 7,5 miljarder år

Månen gör sina sista varv runt Jorden. I motsats till Mars och Phobos rör sig vår måne bort ifrån Jorden istället för tvärtom. Ändå kommer den att krascha in i Jorden och detta för att dess bana blir alltmer elliptisk för varje år. En dag om 7,5 miljarder år kommer passagen att fångas in av Jordens gravitation och månen blir ännu en gång en del av Jorden. Den kom ursprungligen från Jorden och bildades när Jorden i sin ungdom kolliderade med en annan planet ungefär i storlek av Mars. Explosionen var våldsam och återigen blev Jorden till en flytande boll av magma. En stor del från den kollisionen hamnade i omloppsbana och blev månen. Nu har det blivit dags att återvända hem och kanske skall vi tacka

månen för att den väntar med det tills vi inte bor här
längre. Den hemvändarfesten vill vi alla vara utan.

Om 7,59 miljarder år

Jordens sista stund. Nu förstörs den av den
växande och döende solen och allt som en gång var vi
försvinner in i solen. Exakt om jordklotet faktiskt
slukas av solen eller bara hamnar "strax utanför"
spelar ingen roll. Allt är slut. Detta är ett löfte och
inget vi gör kan hindra detta. Detta är ödet för alla de
atomerna som just nu utgör du. Du kom från en större
sol och du skall återvända till en mindre sol. Vår sol.
Här blir du kvar men inte för evigt. Bara för en väldigt
lång tid framöver. Gå inte bort dig i tanken bara för att
jag säger "du". Det som du uppfattar är "du" somnade
in och började drömma för att sedan upphöra för 7,59
miljarder år sedan. Nu pratar vi om byggstenarna till
alla och allt som legat kvar som damm och grus på
Jorden och som nu används som bränsle i solens sista
brinnande andetag.

KAPITEL TJUGOETT:
DEN LÅNGA NATTEN

Om 8 miljarder år

Solen blir en vit dvärg och solsystemet upphör.

Den sol som varit källan till allt liv på Jorden och belyst vårt solsystem i alla dessa miljarder år är nu död. Den drar ihop sig till en liten vit prick och kommer aldrig mer att ha en funktion för någon eller något. Solens tid är förbi och med den hela vårt solsystem. Solen krymper ihop genom att slunga ur sig den största delen av sitt innehåll vilket förändrar gravitationen i hela solsystemet. De planeter som inte slukades av solen påbörjar nu en egen resa ut i universum. Allt påbörjar faktiskt en ny resa ut i universum. De atomer som en gång var du, min vigselring som jag lånade av två supernovor, och det som är kvar av den här boken, allt. Materian är inte längre fångad i omloppsbanor kring den stora solen och styr nu mot mörkret mellan stjärnorna. Kvar finns inga spår att det här en gång i tiden bodde varelser på en blå planet. Dessa varelser som fyllde sina dagar med att längta efter så mycket.

Om 1 biljon år

Under hela universums livstid har stjärnor fötts och slocknat. Generationer av stjärnor har skapat nya grundämnen, ny komplexitet och förmodligen varit livgivaren till otaliga solsystem, planeter och kanske livsformer precis överallt i hela denna stora plats. Nu efter en biljon år består händelser mestadels endast av stjärnor som slocknar. Entropin och det ständigt ökande avståndet mellan byggmaterialet har den ofrånkomliga effekten att det inte alls föds lika många stjärnor längre. Universums barnkammare, där flera ljusår stora gasmoln under så lång tid har producerat nya stjärnor är nästan helt borta eller oförmögna att bilda några fler solar. Universum är tydligt och bokstavligen på väg ett bli en mörkare plats.

Om 2 biljoner år

Vintergatan, en ensam galax. Om det skulle uppstå liv på någon planet i Vintergatan nu, 2 biljoner år efter att vi människor med hjälp av alla dessa teleskop fotograferat att dessa tusentals galaxer, då hade de inte kunnat dra samma slutsatser som vi har gjort. Låt säga att de utvecklade en livsform som likt oss till slut började titta ut i rymden med teleskop. Universum har nu expanderat så mycket att det troligen inte längre är möjligt att upptäcka så många andra galaxer. Expansionen av allt, i allt snabbare takt, skulle troligen göra att det inte gick att se en enda annan galax än Vintergatan. De skulle aldrig ens kunna dra slutsatser att vi bodde i ett universum och de skulle inte lyckas förstå storleken av alltet. Den kunskapen vi har om vårt universum nu baserar sig på att vi var med från början och kan se spåren av universums födelse. Vi är ögonvittnen till en skapelse som om 2 biljoner år inte längre kan bevisas. Av allt liv som kommer efter oss och fram tills tidens slut, sitter vi kanske på den största kunskapen kring universum och den kommer gå förlorad med oss.

Om 4 biljoner år

Proxima Centauri dör. Det är vår absolut närmaste granne. Proxima är latin för "närmast". Den ligger på ett avstånd av 4,24 ljusår från Jorden och om det fanns en stjärna som vi människor skulle haft den minsta möjligheten att migrera till innan vår egen sol försvann så är det kanske just Proxima Centauri. Det är nämligen en röd dvärgstjärna och det är precis dessa stjärnor som är optimala att bo vid. De brinner inte som vanliga stjärnor i några miljarder år, utan de brinner sakta, i några biljoner år, och därav färgen röd. Nära Proxima Centauri finns exempelvis en planet i det som vi skulle kalla "den gyllene zonen". Där temperaturer skulle kunna erbjuda liv en möjlighet. Inte för varmt och inte för kallt. Planeten har vi döpt till Proxima Centauri B och har i teorin många likheter med planeten Jorden. Det enda vi inte har lyckats ta reda på är om den faktiskt även har en atmosfär. NASA planerar att skicka en obemannad spaningsfarkost hit 2069, 100 år efter månlandningen och om allt går enligt plan så borde den kunna landa här cirka 44 år efteråt. Tiden det tar att färdas med den tekniken som de hoppat på år 2069 och som då skall kunna nå 10% av ljusets hastighet. Med hjälp av ny kvantmekanisk kommunikation för vilket ett Nobelpris delades ut 2022 kan vi kanske ha realtidskommunikation med den farkosten och slippa vänta i 4,2 ljusår på resultatet. Kanske kan det innebära att detta blir vår nästa kolonisering i universum. Lyckas vi så är detta ändå slutstationen. Om 4 biljoner år slocknar även denna röda dvärgstjärna som kallas Proxima Centauri och med den allt liv på alla intilliggande planeter. Det finns inga eviga förutsättningar till liv i universum.

Om 30 biljoner år

De sista röda dvärgsolarna dör. Det sista hoppet för liv i universum slocknar. Utan stjärnor, ingen energi. Utan energi, inget liv. Den slutsatsen kan aldrig ändras. Inte i det här universumet. När den sista röda dvärgsolen dör markerar den slutet på en era. Det var faktiskt inte bara möjligheten till energi och liv som dog. Hoppet om framtida liv dog. Nu börjar något annat och det har inte med oss eller någon annan organism att göra. Från den här punkten handlar allt om mörker, materia och matematik.

Om 100 biljoner år

Nu börjar det som kallas den degenererande eran. Solarna har slocknat och universum håller på att stabiliseras från den ganska våldsamma, brinnande, ljusa och sprakande födelsen. För oss som levde i den förra eran är det lätt att uppfatta den degenererande

eran som slutet på universum. Inget skulle kunna vara
mer felaktigt. Universum och tiden har knappt börjat.
Den långa natten finns runt hörnet.

Om 1000 biljoner år

Vår sol har nu samma temperatur som
universum, minus 270,3 grader, och är nu en svart
dvärg. Det tog ungefär 1000 biljoner år för den att
kallna och gå från en vit dvärg till en svart dvärg,
någon grad över den absoluta nollpunkten. En svart
klump som driver genom universum. Med sig har den
atomer och ämnen som en gång var vi och allt som just
nu pågår runt omkring oss. Ta en paus i läsandet – gå
fram till fönstret och titta ut. Allt du ser omkring dig.
Träden, marken, buskarna, solen som lyser upp,
vinden som får grenen att svaja i trädkronan. Allt
detta, nedbrutet, sammanpressat, nerkylt och aldrig
mer. Förpackat i ett svart klot som en gång var den sol
som just nu lyser på dig, men även i den här formen
kommer det inte finnas kvar för evigt.

Slutdestinationen är ett svart hål där det inte bara
försvinner utan även upphör från att någonsin ha
existerat. Det är en av det mest fascinerande

effekterna av svarta hål. Inte bara materian försvinner, utan på ett sätt också all information. Mer om detta strax.

Om 1 biljoner biljon år (10^{24})

Alla stjärnor är nu svarta dvärgar. Tanken känns svindlande mörk. Alla stjärnor som någonsin varit tända i hela universums historia är nu svarta dvärgar. Alla har en temperatur på omkring minus 270 grader. I våra ögon ett gravfält av oändliga mått, men sett ur universums synpunkt, egentligen förkolnade rester från en sprakande födelse.

Om 100 biljoner biljon år (10^{26})

Det som nu utmärker universum är alla dessa växande svarta hål. Där alla döda stjärnor och iskalla planeter förr eller senare hamnar. Där all information tar slut. Det är faktiskt en av de bästa beskrivningarna av ett svart hål förutom att inte ljuset lyckas ta sig ut. Den utrotar information från all existens. All information i universum går att skära ner till små bitar. Bits, bytes, upspin och downspin, kryss eller ringar, 1 eller 0. I det avseendet kan egentligen aldrig information försvinna. Allt som existerar är information på ett sätt eller annat och kommer alltid att existera som information även om det under tidens gång sett ut på olika sätt och existerat i olika sammanhang och molekylära sammansättningar. En fil på din dator består av binära bitar som finns registrerade på din dator. Även om du väljer att klicka på "*Delete*" så försvinner inte bitarna. Du kan välja att radera dem från din hårddisk men det som egentligen händer då är att de omvandlas till energi och fortsätter sedan som värme. Fortfarande information, om än för oss komplicerad att sätta in i tidigare sammanhang.

Det går att ta reda på vem som mördade både Kennedy och Olof Palme. Informationen färdas just nu i ljus som reflekterats från Jorden vid den tidpunkten och om du bara kunde fånga in den sekunden så skulle du kunna få reda på sanningen. Ingen information försvinner någonsin från någonting. Det enda som kan hända är att informationen görs om. Svarta hål är undantagen. Här försvinner information på riktigt, fysiskt som teoretiskt. Allt som passerar händelsehorisonten hos ett svart hål försvinner från vår existens och kan aldrig någonsin hanteras på något sätt igen och definitivt inte länkas tillbaka till något.

Just här, efter 1000 biljoner biljon år består universum endast av sedan länge avslutad information i form av planeter och döda stjärnor samt dessa mörka portaler som raderar informationen och hindrar historien från att någonsin kunna berättas. Att påstå att någonting har existerat kommer strax inte vara mer värt än en gissning utan möjlighet till bevis.

Om 1000 biljoner biljon år (10^{27})

Den enda energin som finns i universum är svarta hål. Rotationen av händelsehorisonten, det svarta hålets snurrande, alstrar faktiskt en tydlig energi. Det är också den enda energin som nu existerar i universum. År läggs till år när det inte längre finns något att berätta om. Tiden existerar fortfarande eftersom det finns skillnader och händelser som ännu inte inträffat.

Om 1 miljarder biljoner biljon år (10^{33})

Expansionen är nu snabbare än ljuset. Detta är ungefär på gränsen till vad vi faktiskt kan se framför oss. Vi människor tänker gärna i bilder och den här verkligheten som just nu utspelas i universum blir nästan mer komplex av detta bild-tänkande. Vi gör ett försök ändå. Vi har nått en punkt i universums historia där hela universums expansion rör sig fortare på alla platser än vad ljuset kan färdas. Låt säg att det mot alla odds skulle tändas ännu en stjärna. Den skulle ändå förbli mörk för sin omgivning eftersom allting nu expanderades bort från den stjärnan snabbare än hastigheten på stjärnas ljusstrålar. Ljus kan aldrig mer lysa i universum.

Om 10 miljarder biljoner biljon år (10^{34})

Atomer bryts ner. De atomer som bedöms leva allra längst upplever nu sina sista stunder. Det som i gamla Grekland döptes till "Atom" och betydde "odelbar" skulle komma att utsättas för några lingvistiska prövningar. Första kom Otto Hahn som 1939 för första gången lyckades klyva en atom som senare ledde till både kärnkraftverk och atombomber.

Den andra prövningen kommer kanske nu, 10 miljarder biljoner biljon år framåt i tiden, när de sista atomerna faller sönder. En process som började för länge, länge sedan, men som snart når sitt slut. Den materia som ni finns kvar är atomernas beståndsdelar protoner samt de fotoner som fortfarande susar omkring på väg ifrån sin sedan länge utdöda stjärna utan att någonsin komma fram eftersom allt expanderar fortare än deras ljushastighet.

Om 10 biljoner biljoner biljon år (10^{37})

Nu kommer vi in på det kanske svagaste löftet av dem alla. Det går helt enkelt inte att med säkerhet säga att det kommer bli så här. Det finns ett flertal forskare, matematiker och astronomer som hävdar detta, men det finns även de som väljer andra teorier samt de som säger att just denna teori saknar delar av bevisen. Den är teoretisk och kan omöjligt bevisas här av oss. Jag väljer ändå att berätta om en möjlig händelse, just för att den är så pass fundamental. Teorin går ut på att efter 10 biljoner biljoner biljon år bryts alla protoner ner i mindre beståndsdelar. Kanske sker detta sönderfall samtidigt över hela universum eftersom de faktiskt en gång i tiden även skapades exakt samtidigt. Vi kommer aldrig någonsin får veta om det stämmer. Om det stämmer är universum nu en plats utan någon som helst materia.

Om 100 miljarder biljoner biljoner år (10^{40})

Svarta hål eran. Det finns ljuspartiklar som inte kan uppfattas och det finns svarta hål. Ingenting annat. Inga planeter, inga solar, inget liv och inte mycket annat planerat för framtiden. Ändå har tiden bara precis börjat. Sett ur ett mänskligt perspektiv har universum precis lämnat förlossningen. Det är kallt, mörkt och tomt och det är precis så här som kosmos kommer att spendera största delen av sin existens. Här mellan den explosiva födelsen i eld och döden i den stilla kylan. Det är nu vill skall färdas den längsta sträckan i våra tidshopp. Nästa anhalt ligger nästan overkligt långt bort men vi hoppar dit nu eftersom det händer inte så mycket mer här. Svarta hål är allt som pågår i ett i övrigt helt tomt universum.

Om 1 googol år (10^{100})

Svarta hål börjar försvinna. Detta var en av Stephen Hawkins sista bidrag till mänskligheten och sker genom en teori att svarta hål läcker partiklar vid sin händelsehorisont. Strålningen uppstår när par av partiklar och antipartiklar skapas nära det svarta hålets kant. En av dessa partiklar faller in i det svarta hålet, medan den andra flyr ut i rymden. Denna strålning är extremt svag, men om tillräckligt många sådana partiklar skapas, kan det faktiskt få svarta hål att gradvis krympa och försvinna. Detta läckage fick namnet "Hawking radiation" eller Hawking-strålning och enligt Hawking bör de mindre svarta hål som formades när universum var ungt redan ha dunstat bort.

De flesta svarta hål har nu försvunnit från vårt universum och vi har nått 1 googol år, eller 100 kvadriljoner biljoner biljoner år om du så vill. Det är en etta med etthundra nollor efter. Det går inte att föreställa sig en sådan lång period, men det viktiga här är att det ändå inte är evigt. Det finns fortfarande en slutstation. När vi kommer hit har även de supermassiva svarta hålen försvunnit. Supermassiva är de svarta hål som innehåller ungefär 100 miljarder solar. Dessa har dunstat bort och existerar inte längre. Det finns kvar några enstaka svarta hål. De som ursprungligen har vuxit sig ännu större men som nu har ett tag kvar. Nu finns det ett tydligt slut. Tiden kan fortfarande räknas eftersom vi har några enstaka svarta hål som fortfarande roterar där ute i det stora svarta och ödsliga. När vi når 10^{106} år har även dessa försvunnit och nu finns ingenting.

När de försvann var det även sista händelsen. Någonsin. All energi är borta för evigt och ingen rörelse kan någonsin mer inträffa, nu eller för evigt och därför förvinner Tiden. Det finns inte längre något som kan förändras eftersom ingenting längre finns. Detta faktum gör att tiden inte längre låter sig mätas och förlorar sin funktion. Allt upphör. Allt är nu statiskt och kan aldrig mer förändras. Tiden och entropin har, trots att de egentligen inte hör ihop, rest tillsammans och nu nått sin eviga slutdestination. Ett evigt tomt stillestånd.

DEL IV:
VID TIDENS SLUT

Vilken resa du har följt med på. Från den allra
första stjärnan, genom människans utmaningar på
Jorden och de utmaningar som väntar oss runt hörnet
och nu blickar vi ut över en tom svart plats där tiden
har stannat. Här vid slutet av berättelsen väntar ditt
pris. Insikterna som gjorde allt värt resan. Allt mörker,
alla skrämmande tankar, det förlorade hoppet och
rädslan du kanske har upplevt på vägen. Det var
kostnaden du var tvungen att betala för att kunna
hitta ljuset. Djupt inne i den svarta Yin-delen av
symbolen finns en ljuspunkt och den måste få födas ur
mörkret för att synas.

Alla som fått göra den här resan i tanken och nu
är du en av dem – de inser att det bara var där i början
någonstans som det var intressant och möjligt att leva.
Låt säg att du sitter här vid tidens slut, som odödlig i
ditt lilla rymdskepp, och nu får frågan om du skulle
vilja resa tillbaka till Jorden, och spendera ditt liv som
dödlig under en kort tid, vad skulle du svara? Du skulle
få en möjlighet att uppleva skratt och tårar, socker och

salt, kramar och hårda ord, besvikelser och första platser, kyssar och svordomar, tråkiga stunder där du tycker att ingenting händer, julaftonsmorgon, varma augustinätter och rusningstrafik. Skulle du tacka nej? Skulle du inte nu förstå hur fantastiskt livet är som människa trots dina krämpor och mörka stunder. I jämförelse med vad du nu sett väntar på oss, går det att säga att livet som människa aldrig blir mörkt på riktigt. Faktum är att även om du skulle skickas tillbaka för en kort period och med en dödlig cancer så skulle det ändå vara värt det. Alternativet existerar ju inte.

En fotbollsplan av historia

Om vi skulle lägga ut hela universums historia, från Big Bang till Tidens slut, på en enda lång linje och börja markera lite viktiga händelser. Då skulle det ungefär se ut så här. Vi drar en linje över en 120 meter lång fotbollsplan. Längst ut till vänster ritar vi en röd punkt som får symbolisera Big Bang. Längst bort i andra änden till höger skriver vi Tidens slut. Nu skall vi fylla det med några av de större händelserna som vi tog upp i den här boken.

1 meter in på planen

Oj, här måste vi redan skriva "*Sista stjärnan slocknar*". Om inte tanken svindlar och fötterna försvinner under dig så kanske du inte riktigt kan se fotbollsplanen framför dig? Hur mycket vi har kvar och hur mycket som vi måste få plats på den här metern.

2 meter in på planen

Här skriver vi "*Endast svarta hål kvar*". Vi har redan kommit hit och vi har knappt kommit in på planen. Efter detta kommer det inte hända så mycket mer på den här sidan av planen så nu är det dags att traska 108 meter åt höger.

110 meter in på planen

Sista svarta hålet försvinner. Det är bara tio meter kvar till slutet och det är dags att fundera på var universum egentligen fanns till för? De svarta hålen verkar definitivt ha varit huvudnumret. De skapades tidigt och var under största delen av tiden det enda som fanns, det enda som hände och det enda som pågick.

120 meter och slutet på planen

Här skriver vi Tiden slut. Entropin är maximal och universum är komplett. Men den stora frågan återstår väl ändå. Vart hamnade vi? Vi får traska tillbaka och försöka hitta vår plats på den här linjen.

Vi går tillbaka och hamnar faktiskt på Big Bang igen. Det går inte att få tillräckligt många grässtrån mellan det extremt tunna röda sträcket som skulle symbolisera oss och pricken som föreställer Big Bang-händelsen. Det blir så tydligt att vi är en del av Big Bang. Möjligtvis en följdeffekt. Kort därefter, men bara med en centimeters mellanrum från Big Bang, där har vi den svällande solen och när jordklotet är 1100 grader varmt. Då liv inte längre är möjligt på Jorden.

Vi sneglar en meter till höger och läser återigen *"Sista stjärnan slocknar"*. Här slutar liv vara möjligt oavsett vart i universum du befinner dig. Alla våra drömmar om kolonisering till trots och även om vi skulle ha lyckats bli en digital varelse är det helt kört där eftersom allt kräver energi och här slutar den möjligheten. Hur unik är egentligen tiden just nu? Under hur stor del av universums tid är liv ens möjligt? Den kalkylen är redan färdig. Den kommer aldrig att förändras och den ser ut så här:

Liv är endast möjligt en tusendels miljarder, miljarder, miljarder, miljarder, miljarder, miljarder, miljarder, miljarder, miljard procent av universums existens.

I siffror ser det ut så här:

0,000000000000000000000000000000 000000000000000000000000000000 000000000000000000000001%.

Det är alltså en nolla, ett kommatecken och sedan åttiotre nollor samt avslutas med ett procenttecken. Det liv vi just nu åtnjuter här på Jorden sker inom ramarna för den fraktionen av en procent.

Det må vara krig och elände, minusgrader och elräkningar, myggor och fästingar. Det är en sådan extremt och overkligt liten del av den tid där universum ens tillåter liv. Vi är en bakterie på en krutflinga i en nyårsraket. Just nu är det varmt och ljust omkring oss, men nyåret har precis börjat. Vi finns för att vi är en del av en varm och händelserik födelse, men jag lovar dig – det blir snart väldigt annorlunda, kallt och mörkt.

Chokladpraliner, väderleksrapporten, såpbubblor, koltrastens sång, bilköerna, pantflaskorna, semesterplaneringen, hälsokost och studenter som sjunger under en doft av blommande syrenbuskar, invasionskrig, främlingsfientlighet, räntechocker, huvudvärk och sociala medier. Allt är del av något unikt och det liv du kallar ditt. Universum tillåter endast att vi lever det livet nu och inte sen.

Det kan uppfattas som många passager i den här boken är negativa och att jag utmålar en dyster prognos. Åtminstone ur människans synvinkel. Universum har inga skyldigheter att göra människans resa genom tid och rum till en trevlig och bekväm upplevelse. Vi är med största sannolikhet en biprodukt och en effekt av Big Bang och vi uppstod i en bubbla i entropin där komplexiteten temporärt tilläts öka.

Den stund vi upplever just nu är unik på alla sätt som du kan tänka dig. Den är inte bara unik för att vi just nu befinner oss på en plats som tillåter liv, utan även att vi lever i en tid som är den bästa, även här i vår lilla bubbla. Vi behöver inte uppleva ostabila perioder av frätande regn, istid eller vulkaniska utbrott och vi behöver inte uppleva digerdöd eller pest. Faktum är att jag skulle inte ens vilja ändra på så lite som femhundra år framåt eller bakåt. Allt skulle nog vara sämre än just nu. Du och jag – vi befinner oss i exakt rätt för att leva ett liv. Det finns ingen annan tid där det skulle vara möjligt eller ens tillåtet. Jag vet att du förstår nu. Det finns ingen tvekan kvar. Det finns bara nu. Visst känns det stort?

Tid för liv är nu.

LITTERATURFÖRTECKNING

1. **Braudel, Fernand.** *On History.* u.o. : University of Chicago Press, 1982.

2. **Krauss, Lawrence M.** *A Universe from Nothing: Why There Is Something Rather than Nothing.* u.o. : Free Press, 2012.

3. **Shelley, Mary.** *Frankenstein or The Modern Prometheus.* u.o. : Lackington, Hughes, Harding, Mavor & Jones, 1818.

4. **NASA.** President Clinton Statment Regarding Mars Meteorite Discovery. [Online] https://www2.jpl.nasa.gov/snc/clinton.html.

5. **Ermenegilda Parrilli, Filomena Sannino, Gennaro Marino, Maria Luisa Tutino.** *Life in icy habitats: New insights supporting panspermia theory.* u.o. : https://www.researchgate.net/publication/251331434_Life_in_icy_habitats_New_insights_supporting_panspermia_theory.

6. **Phys.org.** [Online] 2013. https://phys.org/news/2013-04-law-life-began-earth.html.

7. **Thijs R. A. Vandenbroucke, Poul Emsbo, Axel Munnecke, Nicolas Nuns, Ludovic Duponchel, Kevin Lepot, Melesio Quijada, Florentin Paris, Thomas Servais & Wolfgang Kiessling.** Metal-induced malformations in early Palaeozoic plankton are harbingers of mass extinction. [Online] https://www.nature.com/articles/ncomms8966.

8. **Algeo, Prof. Thomas J.** *Testing the land plant weathering rate hypothesis for Devonian marine anoxia and mass extinction events.* u.o. : Univ. of Cincinnati Research Council, 2005 - 2006. 5/2005-4/2006.

9. **Ward, Peter.** *The Medea Hypothesis: Is Life on Earth Ultimately Self-Destructive?* u.o. : Princeton University Press, 2009. ISBN 0-691-13075-2.

10. **Wikipedia.** *Sibiriska trapporna.* [Online] https://sv.wikipedia.org/wiki/Sibiriska_trapporna .

11. **Rothman, Daniel H., o.a. Hardvard University.** *Methanogenic burst in the end-Permian carbon cycle.* **[Online] https://ui.adsabs.harvard.edu/abs/2014PNAS..111.5462R/abstract.**

12. **DAVID M. RAUP, J. JOHN SEPKOSKI JR. Science.** *Periodic Extinction of Families and Genera.* **[Online] den 21 Februari 1986. https://www.science.org/doi/10.1126/science.11542 060.**

13. **Browning, Christopher R.** *Ordinary Men.* u.o. : HarperPerennial, 2017.

14. **Snyder, Timothy.** *Bloodlands.* u.o. : Vintage, 2011. **9780099551799.**

15. **Applebaum, Anne.** *Gulag : de sovjetiska lägrens historia.* u.o. : Norstedts, 2004. 9789113013121.

16. Medicine, Johns Hopkins University &. Coronavirus Resource Center. [Online] https://coronavirus.jhu.edu/data/mortality.

17. Pasick, Adam. In Rapidly Aging Japan, Adult Diaper Sales Are About to Surpass Baby Diapers. *The Atlantic.* [Online] https://www.theatlantic.com/business/archive/201 3/07/in-rapidly-aging-japan-adult-diaper-sales-are-about-to-surpass-baby-diapers/277706/.

18. Laura Silver, Christine Huang. Key facts about China's declining population. *Pew Research Center.* [Online] den 5 December 2022. https://www.pewresearch.org/fact-tank/2022/12/05/key-facts-about-chinas-declining-population/.

19. Melchor, Annie. Universe 25, 1968–1973. *The Scientist.* [Online] https://www.the-scientist.com/foundations/universe-25-1968-1973-69941.

20. Bostrom, Nick. Are We Living in a Computer Simulation? *Oxford Academic.* [Online] den 28 April 2003. https://academic.oup.com/pq/article-abstract/53/211/243/1610975.

21. DNA Sequencing Flow Cells and the Security of the Molecular-Digital Interface. [Online] 2021. https://dnasec.cs.washington.edu/flow-cells/popets-2021-0054.pdf.

22. Lisberger, Steven. *Tron.* 1982.

23. Spielberg, Steven. *Ready Player One.* 2018.

24. Wachowski, Lana & Lilly. *The Matrix.* 1999.

25. Stephenson, Neal. *Snow Crash.* u.o. : Bantam Books, 1992.

26. Vinge, Vernor. *True Names.* u.o. : Dell Publishing, 1981.

27. Harari, Yuval Noah. *Sapiens: a Brief History of Humankind.* u.o. : HarperCollins Publishers, 2015.

28. —. *Homo Deus: A Brief History of Tomorrow.* u.o. : Vintage.

29. Sagan, Carl. *The Pale Blue Dot.* 1994.

30. Simborg, Don. *What Comes After Homo Sapiens?* u.o. : Bookbaby, 2017.

31. Scientists Brace for Media Storm Around Controversial Flu Studies. [Online] den 23 November 2011. https://www.science.org/content/article/scientists-brace-media-storm-around-controversial-flu-studies.

32. Doudna, Jennifer. *Sprickan i skapelsen.* u.o. : Volante, 2018.

33. Dawkins, Richard. *The Selfish Gene.* u.o. : Oxford University Press, 1976.

34. DeGregori*, Matias Casás-Selves and James. How cancer shapes evolution, and how evolution

shapes cancer. *National library of Medicine.*
[Online] den 21 Maj 2013.
https://www.ncbi.nlm.nih.gov/pmc/articles/PMC3
660034/.

35. Harris, Annaka. *Conscious: A Brief Guide to the Fundamental Mystery of the Mind.* u.o. : Harper, 2019.

36. Durkheim, Émile. *Les Règles de la méthode sociologique.* 1895.

37. Pollack, Andrew. New York Times. *TRACES OF TERROR: THE SCIENCE; SCIENTISTS CREATE A LIVE POLIO VIRUS.* [Online] den 12 Juli 2002.
https://www.nytimes.com/2002/07/12/us/traces-of-terror-the-science-scientists-create-a-live-polio-virus.html.

38. Wentzel, Ann-Kristin. Forskning & Framsteg. *Första syntetiska viruset skrämmer.* [Online] den 1 10 2002. https://fof.se/artikel/2002/7/forsta-syntetiska-viruset-skrammer/.

39. Barkley, Russel A. *12 Principles for Raising a Child with ADHD.* u.o. : Guilford Publications, Inc., 2020.

40. Pinker, Steven. *The Blank Slate: The Modern Denial of Human Nature.* u.o. : Penguin Books, 2002.

41. Harris, Judith Rich. *The Nurture Assumption: Why Children Turn Out the Way They Do.* u.o. : The Free Press, 1998.

42. Sheldon Solomon, Jeff Greenberg, Tom Pyszczynski. *The Worm at the Core.* u.o. : Penguin Books, 2016.

43. Märak, Maxida. Nu brinner ängarna. 2021.

44. Nina Gunke, Helene Arkhem. *Innan jag glömmer.* u.o. : The Book Affair, 2022. 9789198698848.

45. Melendez, Ines, o.a. GeoScienceWorld. *Biomarkers reveal the role of photic zone euxinia in exceptional fossil preservation: An organic geochemical perspective.* [Online] https://pubs.geoscienceworld.org/gsa/geology/article-abstract/41/2/123/131098/Biomarkers-reveal-the-role-of-photic-zone-euxinia?redirectedFrom=fulltext.

46. Robert A. Rohde, Richard A. Muller. Cycles in fossil diversity. *Department of Physics and Lawrence Berkeley Laboratory, University of California.* [Online] https://muller.lbl.gov/papers/Rohde-Muller-Nature.pdf.

OM FÖRFATTAREN

Ingemar Gardell debuterar som författare med *Tid för Liv*, en tankeväckande berättelse som sträcker sig från universums födelse till tidens slut. Uppväxt på Gotland, har han sedan 1999 bott både i Stockholm och Västerås. Med en bakgrund inom teologi, filosofi och astronomi har Ingemar alltid fascinerats av stora frågor om livet och universum. Trots dessa studier valde han en karriär inom den digitala världen, och intresset för teknik, historia och beteendevetenskap har ständigt följt honom genom både yrkesliv och fritid.

Denna bok ger honom möjlighet att sammanföra alla dessa ämnen på ett sätt som är både pedagogiskt och underhållande. *Tid för Liv* är skriven med en lättsam och personlig ton, som gör vetenskap och existentiella funderingar tillgängliga för alla läsare Genom att acceptera att vår tid på Jorden är begränsad, öppnar boken upp för ett nytt sätt att se på livet – där varje ögonblick blir mer värdefullt. Efter att ha läst boken kanske du ser både världen och människorna omkring dig med nya ögon och får en ny känsla av något hisnande och stort inom dig.